아침의 재발견

脳を最高に活かせる人の朝時間

茂木健一郎 著

株式会社 すばる舎 刊

2013

NO WO SAIKO NI IKASERU HITO NO ASAJIKAN

by Kenichiro Mogi

Original Japanese edition published by Subarusya Corporation, Tokyo.

최고의 인생을 만드는 아침 습관의 힘

아침의
재발견

모기 겐이치로 지음 | 조해선 옮김 | 양은우 감수

비즈니스북스

옮긴이 **조해선**

경희대학교에서 국어국문학 및 언론정보학을 전공했다. 금융회사 CS분야에서 일했으며 바른번역 아카데미에서 일본어 출판번역 과정 수료 후 현재는 일본도서 기획과 번역에 힘쓰고 있다. 옮긴 책으로 《스탠퍼드식 최고의 수면법》, 《스탠퍼드식 최고의 피로회복법》, 《혼자서 공부해봤니?》, 《쓸데없는 말 한마디 안 했을 뿐인데》, 《숨 하나 잘 쉬었을 뿐인데》, 《백년 두뇌》, 《생명을 만들어도 괜찮을까》 등이 있다.

아침의 재발견

1판 1쇄 발행   2019년 9월 3일
1판 6쇄 발행   2022년 7월 6일

지은이 | 모기 겐이치로
옮긴이 | 조해선
발행인 | 홍영태
발행처 | (주)비즈니스북스
등 록 | 제2000-000225호(2000년 2월 28일)
주 소 | 03991 서울시 마포구 월드컵북로6길 3 이노베이스빌딩 7층
전 화 | (02)338-9449
팩 스 | (02)338-6543
대표메일 | bb@businessbooks.co.kr
홈페이지 | http://www.businessbooks.co.kr
블로그 | http://blog.naver.com/biz_books
페이스북 | thebizbooks
ISBN 979-11-6254-100-5   03190

"매일의 아침엔 저마다의 숨은 행운이 있다.
그러니 아침을 놓치지 마라.
오늘만 만날 수 있는 기적을 위해."

· 파울로 코엘료 ·

우리의 잃어버린 아침을 찾아서

오늘 당신의 아침 풍경은 어땠는가? 맞춰놓은 알람 시계의 요란한 소리에 바로 잠에서 깼거나 '5분만 더……'를 외치며 울리고 또 울리는 알람과 씨름을 벌이다 힘겹게 몸을 일으켰을지도 모르겠다. 많은 사람들이 특히 직장인들이 아침에 일어나는 것을 무척 힘들어한다. 아이러니하게도 우리는 어릴 때부터 '아침형 인간'이 되라는 말을 수도 없이 들어왔다. '이른 아침 기상이 성공하는 사람들의 공통된 습관'이라는 점도 귀에 못이 박히도록 들었다.

하지만 여전히 많은 사람들에게 아침에 일찍 일어나기란 어려운 일이다. 또한 일어난 이후도 문제다. 여유를 잃은 대부분의 직장인들에게는 '나를 위한 아침 시간' 자체가 없다고 해도 과언이 아니다. 그저 헐레벌떡 옷을 주워 입고 나가기 바쁘다. 그러나 아침에 일찍 일어나기만큼이나 더 중요한 것이 바로 그 아침 시간을 어떤 생산적인 행동들로 채워가느냐 하는 점이다.

나는 이 책에서 뇌과학자로서, 뇌과학적 관점에서 어떻게 해야 '아침형 인간', 즉 힘들이지 않고 아침 일찍 일어나는 사람이 될 수 있는지, 아침 시간을 어떻게 활용하는 게 가장 효율적인지, 아침 활동이 어떻게 뇌를 활발하게 움직이게 만드는지 등을 살펴보려 한다. 잃어버린 당신의 아침을 되찾아주고 그 시간을 어떻게 온전히 당신만의 시간으로 만들 수 있는지 그 방법을 알려주려 한다.

일단 가장 중요한 전제 조건은 '아침을 즐기려는 마음가짐'이다. 당신의 아침 시간을 되돌아보자. 아침 시간을 즐기기는 커녕 후다닥 뛰어나오기 급급해하고 있지는 않은가? 아침이라는 귀중한 시간을 설레고 즐거운 일에 써야 아침에 일어나기가 조금 수월해진다. 예전부터 하고 싶었지만 해보지 못했던 일에 도전하거나 해야 할 일은 잠시 머리에서 지우고 창의적인 활동을 해보는 것도 방법이다.

아침 시간은 그렇게 활용하는 것이 우리의 뇌에 가장 이상적이다. 아침에 이제 막 깨어난 뇌는 전날의 기억이 정리되어 말끔한 상태다. 똑같은 일을 하더라도 낮이나 밤의 지친 뇌보다 훨씬 뛰어난 능력을 발휘한다. 따라서 아침에 뇌가 좋아할 만한 일을 하면 상쾌하게 하루를 시작할 수 있다. 하루의 시작이 원활하면 낮에도 여유가 생겨 전체적인 일의 효율도 오르게 된다. 그뿐 아니라 우리의 뇌는 마음의 상태와도 밀접하게 연결되어 있다. 우리가 느끼는 행복도 일종의 뇌의 작용이다. 뇌가 자신이 놓인 상황을 긍정적으로 평가하고 적극적인 마음을 계속해서 유지하면 사람은 강렬한 행복을 느낀다. 참으로 놀랍지 않은가!

나비 채집에 푹 빠졌던 내 어린 시절의 아침이 바로 그랬다. 소년 시절의 나는 매일 아침, 상쾌한 공기를 마시며 집 근처 들판과 숲속으로 나비를 잡으러 다녔다. 저마다 다른 무늬와 색을 지닌 나비들을 관찰하고 채집하는 것이 그 시절 나의 일과이자 지금까지 이어져오고 있는 '아침 활동'의 시작이었다. 특히 희귀한 나비를 발견했을 때의 기쁨은 그 무엇과도 견줄 수 없었다. 그래서 매일 밤 나는 '내일은 어떤 나비와 만날 수 있을까?' 하는 기대를 안고 잠들었고, 아침 햇살을 느끼는 순간 벌떡 일어나 나비를 찾아 나섰다. 사춘기에 접어들면서 좋아하던 나비 채집을 그만두고, 흥미를 돋우던 영어 팝송 듣기에 빠져 들었다. 하루종일 공부와 숙제에 쫓기느라 이른 아침만이 내가 하고 싶은 일을 마음껏 할 수 있는 시간이었다. 이후 팝송 듣기는 영어 원서 읽기로 바뀌었고, 나의 '아침 활동'은 그 종류만 달라질 뿐 멈추지 않고 쭉 이어졌다. 원고를 쓰거나 운동을 하거나 SNS에 개인적인 생각을 적는 등 정신없는 낮이나 저녁에는 잘 하지 못하는 여러 활동들을 주로 아침에 한다. 아침에 이런 활동들을 하고 나면 아침부터 성취감이 느껴져 남은 하루를 더 활기차게 보낼 수 있다.

우리의 뇌는 참으로 신기해서, 호기심을 잃지 않고 계속해서 도전하면 몇 살이 되든 끊임없이 새로운 신경 회로를 만들어내는 놀라운 능력을 지녔다. 그 누구도 뇌의 한계를 알지 못한다. 우리 뇌에는 상상을 초월한 가능성이 잠재되어 있기 때문이다. 그러니 각자 자신의 뇌에 자신감을 갖고 아침 시간을 즐기도록 해보자. 이루고 싶은 일, 하고 싶은 일에 대해 무한한 상상력을 펼쳐보자. 스스로 뇌의 가능성을 좁은 테두리 안에 가둬서는 안 될 것이다. 나 역시 앞으로 나이를 먹더라도 아침마다 새로운 즐거움을 발견하며 의욕 넘치는 삶을 살 예정이다.

그런데 종종 귀한 아침 시간을 단 1초도 허비해서는 안 된다는 조급한 마음에 자신을 몰아세우는 사람들도 있다. 착실하고 성실한 사람들이 더러 그런 경향을 보인다. 하지만 극심한 스트레스를 받으면 오히려 뇌가 지닌 본래의 힘이 약화되어 효율이 낮아진다(심리적 압박은 스트레스를 불러온다. 뇌는 스트레스를 없애는 데 우선적으로 에너지를 사용한다. 그렇게 되면 이성적이거나 논리적인 사고를 할 수 있는 대뇌겉질로 가는 에너지가 줄어들어 창의적이거나 생산적인 활동이 감소될 수밖에 없다—감수자 주). 다시 한번 말하지만 '아침을 즐기려는 마음가짐'이 가장 중요하다. 과도한 압박은 금물이다.

오늘 당신이 맞았던 아침을 되돌아보자. 힘겹게 몸을 일으키고 온갖 짜증을 내며 출근했는가? '오늘은 또 무슨 재밌는 일이 생길까?' 하는 기대로 가득 찬 아침을 맞이하고 싶지 않은가? 내일부터 우리의 뇌를 긍정적인 상태로 만들어 마음까지 상쾌한 아침을 시작해보자. 이는 곧 그동안 잃어버린 줄 알았던 아침을 다시 발견하는 일이자 1년 365일을 마음 넉넉한 하루로 만드는 비결이기도 하다.

나는 뇌과학의 최종 목적이 인간의 행복에 기여하는 것이어야 한다고 생각한다. 여러분 모두가 이 책에서 이야기하는 뇌를 기쁘게 하는 아침 시간 활용법을 참고해 매일 충실한 하루, 행복한 하루를 보내길 진심으로 바란다.

제1장

상쾌한 아침은
즐거운 뇌에서 시작된다

제2장

최상의 컨디션을 만드는
사소하지만 중요한 아침 습관

제7장

나를 바꾸는 행복의 열쇠, 긍정적 뇌

상쾌한 아침은
즐거운 뇌에서 시작된다

BRAIN & MORNING

월요일만 되면 항상
힘들고 우울한 이유

'새로운 일에 도전해보고 싶다!'

'지금보다 더 효율적으로 일할 방법은 없을까?'

살다 보면 이런 생각을 한두 번쯤은 해보았을 것이다. 어딘가 현실이 만족스럽지 않아서 혹은 공부든 일이든 좀 더 잘하고 싶은 마음에 우리는 이런 생각을 갖곤 한다. 그런데 머리로는 이렇게 생각하면서도 막상 행동으로 옮겨야 할 때가 되면 항상 주저하게 된다. 시도한다 해도 얼마 지나지 않아 포기해버린 쓰라린 경험 역시 누구나 한두 번쯤은 해봤을 것이다.

당신의 의지박약만을 탓할 문제가 아니다. 이는 뇌의 메커니즘과 밀접한 관련이 있기 때문이다. 인간의 뇌는 '실패할지도 몰라'와 같은 소극적인 사고에 빠지는 순간, 생각하고 행동하는 힘에 제동을 거는 아주 나쁜 버릇을 갖고 있다.

심리학에서는 이를 '부정 편향'negativity bias이라고 부른다. 예를 들어 '이 프로젝트에 실패하면 팀장한테 한소리 들을 텐데'와 같이 초조하고 불안한 감정에 휩싸이면 인간의 사고는 부정적인 방향으로 흐르게 된다. 그리고 그 영향을 받으면 생각하고 행동하는 힘도 약해진다. 즉 부정적 사고가 두뇌 활동을 방해하면 인간은 창의적으로 생각하거나 적극적으로 행동하지 못하게 된다.

이럴 때 선택은 두 가지다. 달아나거나 용감하게 맞서서 위기 상황을 뛰어넘거나. 어떤 길을 선택하느냐에 따라 뇌를 강화할 수 있느냐 없느냐가 정해진다고 해도 좋을 정도다.

우리가 흔히 겪는 부정 편향의 전형적 사례로는 '월요병'이 있다. 누구나 일요일 저녁 다음과 같은 감정을 느껴보았을 것이다. 한 주의 시작인 월요일 아침을 맞이할 생각을 하니 한없이 우울하다, 출근은 물론이고 도무지 일이나 공부할 의욕이 생기질 않는다, 다음 주말까지 5일을 더 기다려야 한다는 생각에 가슴이 답답하다 등등.

　나 같은 경우에는 '또 새로운 한 주가 시작되는구나!' 하는 기대감에 부풀어 설레는 날이 더 많다. 하지만 매일같이 일이나 공부에 치여 사는 대다수의 사람들은 짜증이나 스트레스로 아무래도 긍정적인 마음을 갖기 힘든 모양이다. 이처럼 부정 편향은 상쾌한 아침을 맞이하기 위해서라도 어떻게든 벗어나야 할 '장애물'이나 마찬가지다(《시끄러운 원숭이 잠재우기》의 저자 아잔 브라흐마Ajan Brahma와 《내 머릿속 원숭이 죽이기》의 저자 대니 그레고리Danny Gregory는 모든 사람들의 머릿속에는 '원숭이'가 살고 있다고 주장한다. 무언가에 집중하지 못하고 이 생각, 저 생각으로 떠다니며 사사건건 참견하고 시비를 거는 이유가 머릿속에 살고 있는 원숭이 때문이라고 한다. 그들의 표현에 의하면 부정적인 생각 역시 원숭이가 말을 거는 것이다—감수자 주).

　그렇다면 어떻게 해야 아침의 두뇌 활동을 방해하는 장애물에서 벗어날 수 있을까. 가장 좋은 방법은 아침에 일어나서 집을 나서기 전까지, 즉 '아침 시간'에 뇌가 기뻐할 만한 행동 습관을 들이는 것이다. '뇌가 기뻐할 만한 일'이란 당신이 무엇을 좋아하고 어디에 관심이 있느냐에 따라 다를 테지만 본질적으로는 뇌에 쾌감, 즉 보상을 주는 것이어야 한다.

아침마다 뇌가 좋아할 만한
보상을 준비하자

여기, 매일같이 공부도 하지 않고 놀기만 하던 아이가 있었다. 그 아이는 어느 날, 공부를 잘하는 사촌에게서 즐기며 공부하는 방법을 배웠고 이를 실천에 옮겨 학교 시험에서 좋은 성적을 받게 되었다. 아이가 열심히 공부하는 모습에 크게 기뻐한 부모는 아이가 노력한 데 대한 보상으로 갖고 싶어 하던 게임기를 선물로 주었다. 선물을 받고 성취감과 기쁨을 느낀 아이는 앞으로 더 열심히 공부해야겠다는 의욕으로 활활 타오르게 된다.

앞의 예시가 얼마나 현실적인지, 이런 방법이 자녀 교육상 옳은지 그른지는 차치하자. 여기서 내가 이야기하고 싶은 점은 두뇌가 '쾌감'이라는 이름의 보상을 좋아한다는 사실이다. 우리가 '기쁘다, 맛있다, 즐겁다, 재미있다'와 같은 긍정적인 감정을 느끼면 두뇌 활동이 갑작스럽게 유연해진다.

아침 두뇌도 마찬가지다. 아침 시간을 마련하려면 일단 일찍 일어나야 한다. 하지만 밤늦게까지 일하고 조금이라도 더 오래 자고 싶은 것이 직장을 다니는 사람들의 솔직한 심정일 테다. 게다가 원래부터 아침잠이 많다면 일찍 일어나는 일은 고역 그 자체일 것이다.

나는 어릴 때부터 일찍 일어나는 습관을 들였고 어른이 되어서도 당연히 그래왔기 때문에 이른 기상이 특별히 어려운 일이라고 느껴본 적은 없다. 하지만 일찍 일어나는 습관이 몸에 배지 않은 사람이라면 갑자기 내일부터 일찍 일어나겠다고 굳게 마음먹어도 작심삼일이 되는 것은 불 보듯 뻔한 일이다. 그렇다면 어떻게 해야 효과적으로 아침에 일찍 일어날 수 있을까?

앞서 공부를 열심히 하지 않던 아이가 좋은 성적을 받고 부모에게 칭찬과 선물을 받은 후에 더 열심히 공부하게 되었다는 사례를 이야기했다. 이 방법은 아침을 극복하는 데도 효과적이다. 일찍 일어나는 대가로 자신에게, 즉 뇌에 자그마한 선물을 준비하면 그 보상으로 인해 새로운 일에 도전하게끔 하는 의욕이 샘솟게 된다. 그리고 이것을 즐기면서 반복하다 보면 습관으로 자리 잡아 당연하다는 듯이 계속하게 될 것이다.

나는 나의 아침 뇌를 위해 초콜릿이나 요구르트, 커피 같은 단 음식을 준비하는데, 이러한 보상은 두뇌의 긍정적 장치가 작동하도록 도와준다. 언젠가 영국의 경제지 《이코노미스트》 Economist 에서 주최하는 행사에 초대받았을 때 한 외국인 참가자와 이야기를 나눈 적이 있다. 참가자들은 이른 아침부터 호텔에서 열리는 행사에 참석해야 했다. 외국에서 온 사람이라 시차 문제도 있고 생활 습관과 문화도 다른 타국에서 일찍 일어나는 게 힘들겠다는 생각이 들어 괜찮느냐고 물어보았다. 그랬더니 그에게서 생각지도 못한 답변이 돌아왔다. 맛있는 호텔 조식이 기대되어 그렇게 힘들게 느껴지지 않는다는 이야기였다.

일찍 일어나서 얻은 맛있는 대가, 즉 보상이 그들의 의욕을 높여 훌륭한 아이디어를 낳는 원천이 되어준 것이다(음식을 먹는 행위 자체가 보상이 된다기보다는 음식을 섭취함으로써 당분을 얻는 것이 중요할 수 있다. 단맛이 나는 음식을 먹으면 도파민 분비가 늘어나는데 이는 쾌감 보상 시스템이 작동됨을 의미한다. 즉, 단

아침에 뇌가 기뻐할 수 있는 보상으로
내가 좋아하는 것들을 선물하자!

음식이 기분을 좋게 만들어준다—감수자 주).

　아침에 시간을 내어 그동안 하지 못했던 새로운 일이나 서툴러서 미뤄두었던 일에 도전할 때는 그것을 꾸준히 할 수 있도록 나만의 보상을 마련하자. 대단할 필요는 없으며 간단한 간식으로도 충분하다. 매일 아침 뇌가 쾌감을 느끼고 '조금만 더 힘내자!'라고 긍정적인 마음을 가질 만한 선물을 준비하는 것으로 아침 활동을 시작해보자.

'꾸준한 호기심'으로
뇌를 설레게 만든다

한 조사에 따르면 사람들이 SNS 대화나 게시물에 3초에 한 번 꼴로 '피곤하다'는 말을 적는다고 한다. '졸리다'를 쓰는 빈도 역시 비슷하다. 매일같이 피로한 상태로 살아간다는 사실을 여실히 보여주는 조사 결과가 아닌가 싶다.

열심히 일하고 돈을 많이 벌면 풍족한 생활을 누릴 수 있을까? 맞는 말일 수도 있다. 하지만 장시간에 걸친 과도한 노동은 생활의 질 자체를 떨어뜨릴 위험이 더 크다. 다른 무엇보다도 몸과 마음 전부를 극심한 스트레스로 몰아넣기 때문이다. 스트레스는 뇌에도 엄청난 악영향을 미친다. 그럼에도 불구하고 우리는 일을 해야 하기에, 일을 해야 생활을 유지할 수 있기에 많은 스트레스를 참아가며 오늘도 직장에 나간다.

이런 상황에서 두뇌 회전이 가장 빠른 아침 시간을 효율적으로 활용해 일의 능률을 높이려면 어떻게 해야 할까? 결론부터 말하자면, 뇌에 쾌감을 주는 습관을 들여야 한다. 그리고 뇌가 가장 즐거워하는 일이란 바로 '꾸준한 호기심'이다.

무언가에 흥미를 갖거나 호기심이 일 만한 새로운 상황을 만나면 누구나 마음이 설레기 마련이다. 이때 뇌에서는 신경전달물질 중 하나인 도파민dopamine이 분비된다. 도파민은 쾌감을 만들어내는 물질로서 도파민의 분비량이 많을수록 사람은 커다란 즐거움과 기쁨을 느낀다. 뇌과학적으로도 밝혀진 사실인데 도파민은 무언가를 달성해냈을 때 혹은 새로운 정보나 지식을 얻었을 때도 분비된다.

도파민이 분비될 때 뇌에서 사고와 판단을 담당하는 '이마앞엽'(전전두엽)과 기억을 일시적으로 저장하는 '해마', 운동을 통제하는 '운동영역'도 활성화된다고 알려져 있다(해마의 '치상회'라는 부위에서는 매일 새로운 세포가 만들어진다. 운동을 하게 되면 새로 만들어진 신경세포의 생존률이 높아지는데 이로 인해 해마 부위가 커진다. 그리고 운동을 하면 만족감을 주는 도파민의 분비가 늘어나는데 이것이 이마앞엽에서 주의력과 집중력을 높여주는 역할을 한다—감수자 주). 즉 쾌감과 기쁨을 느끼면 두뇌 기능이 전체적으로 향상된다.

뇌에 만족감이나 성취감을 주는, 다음과 같은 긍정적 감정이 전달되면 뇌는 점점 더 강화된다.

- 아침 시간을 효율적으로 활용했더니 업무 처리 능력이 눈에 띄게 향상되었다.
- 아침에 짬을 내어 공부한 덕분에 어려운 자격증 시험에 합격할 수 있었다.

이를 뇌의 '쾌감 보상 시스템'이라고 부른다(뇌과학에서는 일반적으로 쾌감 중추 또는 보상 중추라는 용어를 사용하고 쾌감과 보상이라는 용어를 함께 사용하지는 않는다. 저자는 '쾌감을 보상해주는 시스템'이라는 의미로 이런 이름 붙인 듯 보인다—감수자 주).

반면 다음과 같은 감정이 뇌에 전달되면 어떨까?

- 어차피 열심히 해봤자 결과는 마찬가지야.

아침에 계획한 일들을 해내서 뇌에 만족감과 성취감을 주자!

• 내 머리로는 아무리 해도 안 돼.

만족감이나 성취감을 얻으려 하지 않는 감정(생각)이므로 도 파민도 분비되지 않는다. 이래서는 무엇을 해도 즐겁지 않고 일도 잘 풀리지 않는다. 뇌 역시 즐거움을 느끼지 못한다.

우리는 어떠한 일을 앞두었을 때 매사를 잘하느냐 못하느냐 로 판단하려 든다. 그리고 판단의 기준으로 늘 '타고난 재능'을 들이밀곤 한다. 하지만 뇌과학적으로 봤을 때 태어날 때부터 잘하거나 못하는 뇌는 없다. 사람들이 그렇게 믿을 뿐이다.

사회심리학자인 실번 톰킨스 Silvan Tomkins 는 이렇게 말했다.

"호기심은 사고력과 기억력을 강화하는 데 많은 역할을 한 다. 흥미 없이는 무언가를 얻을 수 없다."

우리의 어린 시절을 떠올려보자. 보고 만지는 모든 것과 주 위에서 벌어지는 온갖 사건에 호기심을 갖고 흥미로움을 느꼈 다. 어린 시절 우리는 결코 '피곤하다'거나 '재미없다'는 말을 습관처럼 쓰지 않았다. 그런데 나이를 먹으면서 사회 규범과 상식에 얽매여 어린 시절에 품었던 무한한 호기심을 나도 모르 게 잃어버리게 된 것이다. 나는 직업 특성상 다양한 분야에서 성공한 사람들을 만날 기회가 자주 있는데, 그들은 공통적으로

'호기심이 곧 성공의 시작'이라는 신념을 갖고 있었다. 그만큼 호기심은 우리가 잃어버려서는 안 될 중요한 감정 요소다.

아침은 그야말로 호기심을 불러일으키기에 가장 적합한 시간대다. 자신이 늘 관심을 갖고 있었던 새로운 일에 도전하거나 평소 자신이 부족하다고 느꼈던 분야에 정면으로 부딪쳐보자. 그러면 뇌의 쾌감 보상 시스템이 작동해 도파민이 더 많이 분비된다. 그리고 도파민이 더 많이 분비되면 될수록 뇌는 만족감을 느끼며 그 행동을 반복하려 할 것이다. 어른이 되면서 잃어버린 호기심을 아침 시간을 통해 되찾아보자. 즐거움과 기쁨을 차곡차곡 쌓는다면 일 처리 능력도 눈에 띄게 향상되어 성취감이 한층 더 높아질 것이다.

일어나서 3시간,
두뇌 활동의 골든타임을 잡아라

방송가에서는 텔레비전 시청률이나 라디오 청취율이 가장 높은 시간대를 '골든타임'이라고 칭한다. 그런데 인간의 두뇌에도 골든타임이 존재한다. 바로 두뇌 활동이 가장 효율적이고 활발한 시간대를 의미하는데, 보통 '아침에 깨어난 후 3시간'을 일컫는다(골든타임이 뇌과학에서 보편적으로 사용되는 용어는 아니지만, 아침에 뇌 활동이 가장 활발하고 효율적인 것만은 틀림없다. 아침에 잠에서 깨어나는 순간부터 체내에는 아데노신adenosine이라는 수면을 촉진하는 물질이 쌓이기 시작한다. 아데노신은 우리가 깨어 있는 동안 지속적으로 축적되다가 밤에 충분히 잠을 자고 나면 말끔히 청소된다. 신체의 주기리듬은 새벽 3~4시쯤 최저를 기록했다가 아침이 되면 상승곡선을 그리기 시작한다. 잠에서 깨어난 후에는 주기리듬이 상승곡선을 이루고 수면을 촉진하는 물질은 말끔히 청소가 된 상태이므로 두뇌가 가장 맑은 상태가 된다. 즉 뇌가 가장 활발하게 움직일 수 있는 조건에 놓이게 되는 것이다. 단, 이 조건은 잠을 충분히 잔 경우에 한해 그렇다— 감수자 주).

사회적으로 성공한 사람, 행복한 인생을 보내는 사람의 대부분은 두뇌의 골든타임을 능숙하게 활용할 줄 안다. 바꿔 말하면, 일이나 인생은 두뇌 컨디션이 가장 좋은 시간대를 어떻게 보내느냐에 따라 극적으로 달라진다.

다만 '3시간'은 하나의 예시일 뿐, 골든타임에 해당하는 명확하게 정해진 기준은 없다. 엄밀히 말하자면 두뇌 활동의 골든타임이란 '아침에 눈 떠서 집을 나서기 전까지 아무에게도 방해받지 않는 시간'이다. 다시 말하면 '사회에 접속하기 전까지의 시간'이라고도 할 수 있다.

여기서 잠깐, 아침에 깨어난 직후의 두뇌 상태가 어떠한지 짚고 넘어가도록 하자.

아침에 일어나 생활하다 보면 눈이나 귀를 통해 외부 정보가 들어온다. 이렇게 들어온 하루치의 정보는 일단 우리 뇌의 '해마'라는 장소에 모여 일시적인 '단기 기억'으로 저장된다. 그 후 해마를 거친 정보는 대뇌겉질에 있는 관자엽의 '관자연합영역'temporal association area 으로 옮겨지는데 이 단계에서도 기억은 단순히 쌓여 있는 상태다.

이렇게 쌓인 기억은 잠을 자는 동안 말끔히 정리되어 '장기 기억'으로 바뀐다(엄밀히 말하자면 깨어 있는 동안 받아들인 외부의 정보는 해마에 저장되었다가 잠을 자는 동안 대뇌겉질로 옮겨져 장기 기억으로 저장된다. 해마는 마치 소형 저장장치인 USB와 같아서 용량에 제한이 있다. 용량이 초과되면 정보를 더 이상 받아들이지 못하거나 한 기억에 다른 기억이 덧씌워지는데 이를 간섭망각interference forgetting이라고 한다. 반면 대뇌겉질은 대용량 하드디스크라고 할 수 있다. 잠을 자는 동안 해마에 저장되어 있던 정보는 필요한 것과 필요하지 않은 것으로 구분하여 필요 없는 정보는 버리고 필요한 것은 장기 기억으로 옮겨진다. 즉 USB에 있던 정보를 하드디스크에 옮겨 저장하고 USB를 말끔히 비워 새로운 정보를 받아들일 수 있게 만드는 것이다. 이 작업은 주로 잠의 후반부에 집중적으로 이루어지기 때문에 잠이 부족하면 기억이나 학습 능력이 저하된다―감수자 주). 이처럼 아침에 깨어난 직후의 뇌는 저장한 정

아침 뇌는 새로운 정보를 받아들일 만반의 준비가 되어 있다!

 깨어 있을 때

정보·지식

해마

단기 기억

눈이나 귀를 통해 들어온 정보는 '해마'
에 모인다. 이 단계에서 기억은 단순히
쌓여 있는 형태다.

 자고 있을 때

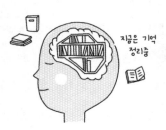

지금은 기억
정리중

장기 기억

수면 중에 기억이 정리되므로 아침에
깨어난 직후의 두뇌는 기억이 초기화
된 상태다.

보를 한차례 초기화해 새로운 정보를 받아들일 준비가 되어 있는 상태다. 그렇기에 아침에 깨어나서부터 3시간 동안은 무언가 새로운 공부나 일을 시작하기에 가장 적절한 시간대라고 할 수 있다.

잠에서 깨어난 직후의 아침 두뇌는 '전날의 피로나 스트레스가 말끔하게 해소된 상태'이기도 하다. 따라서 아침에 일어나 뇌에 적절한 자극을 주면 상쾌한 기분으로 일이나 공부에 몰두할 수 있다. 결과적으로 그날의 효율이 몇 배나 높아지게 된다.

아침 식사에 대한
오해와 진실

앞서 말했듯이 아침에 깨어난 직후의 뇌는 전날 밤까지 저장한 정보를 한차례 초기화한 다음 새로운 정보를 받아들일 준비를 마친 상태다. 즉 아침 두뇌는 의욕이 넘치는 상태이므로 하루 중 두뇌 생산성이 가장 높은 시간대를 잘 활용하면 아침부터 뛰어난 능력을 발휘할 수 있다. 그러면 이제까지 자신이 하지 못한 일, 앞으로 하고 싶은 일에 도전하는 것도 가능해진다. 지금까지의 상태를 '0'이라고 한다면 '0에서 1'로 자기 성장을 이룰 수도 있다.

그렇다면 두뇌의 뛰어난 능력을 발휘하기 위해 아침은 언제 먹는 게 가장 좋을까?

'아침 식사 전'이라는 말을 들어본 적이 있을 것이다. 글자 그대로 '아침밥을 먹기 전'이라는 의미인데, 이는 아침 시간을 효율적으로 활용하기 위해 기억해두어야 할 가장 중요한 키워드다. 밥을 먹으면 우리 뇌의 포만 중추가 채워져 두뇌 기능이 현저하게 떨어진다. 따라서 두뇌의 골든타임인 아침 시간을 밥을 먹는 데 쓴다면 아침부터 빠른 두뇌 회전을 기대하기 어렵다. 그렇다고 해서 아침을 아예 건너뛰라는 의미는 아니다. 아침밥은 뇌에도, 몸에도 좋다. 다만 아침 시간에 새로운 일이나 평소 하고 싶었던 일에 도전하고자 한다면 두뇌 기능이 활발한 아침 식사 전에 하는 편이 좋다.

나는 조찬 강연이나 텔레비전 방송 녹화 전에도 될 수 있는 한 식사를 하지 않는다. 두뇌 기능이 떨어진 상태에서는 하고 싶은 말을 충분히 전할 수 없기 때문이다. 내 이야기를 들으러 온 사람들에게도 실례되는 행동이고 말이다.

모든 사람이 식사 후에 두뇌 회전이 느려진다고 확답하기는 어려울 수 있겠다. 하지만 대다수의 사람들이 공복 시에 두뇌 회전이 더 빠르고 집중이 더 잘 된다고 말하는 것도 사실이다

(뇌의 시상하부에서는 오렉신 orexin 이라는 호르몬이 만들어지는데 이는 각성 상태를 유지시켜주는 역할을 한다. 이 호르몬이 감소하면 졸음을 느끼게 된다. 탄수화물을 섭취하면 몸 안에서 포도당으로 변환되는데 포도당이 증가하면 뇌는 높아진 혈당수치를 낮추기 위해 인슐린 분비를 촉진한다. 그런데 인슐린 수치가 높아지면 오렉신의 분비량이 줄어들어 쉽게 졸음과 피로를 느끼게 된다. 한편 공복 상태에서는 그렐린 ghrelin 이라는 호르몬이 분비되는데 이 호르몬이 분비되면 기억력이 향상되고 신경세포간 연결이 30퍼센트 증가한다고 한다. 살짝 배고픈 상태에서 집중이 잘 되는 것도 이 때문이라고 할 수 있다―감수자 주).

이렇듯 생활 속 작은 습관의 차이가 뇌의 활성화를 좌우하기도 한다. 몸도, 머리도 가벼운 아침 식사 전에 집중력을 발휘해 그동안 미뤄왔던 창의적인 도전을 해보자. 최상의 컨디션에서 당신의 잠재 능력이 폭발하는 경험을 할 수 있을 것이다.

저절로 몸이 움직이는
'아침 루틴'을 만들어라

두뇌의 골든타임이 얼마나 중요한지 이해하고 있다 해도 아침 시간을 확보하기 위한 구체적인 행동이 뒤따르지 않으면 아무런 소용이 없다. 그렇다. 일단 일찍 일어나야 한다.

하지만 밤늦게까지 일하는 사람에게 이른 기상은 그저 고역일 뿐이다. 애써 일찍 일어난다 해도 머리가 멍한 상태이므로 모처럼 갖게 된 시간을 헛되이 흘려보내기 십상이다. 심지어 잠이 부족한 탓에 낮이 되면 이미 기력을 잃고 결국 일 처리 효율만 더 낮아진다. 엎친 데 덮친 격으로 야근까지 해야 한다면……? 도대체 무엇을 위해 일찍 일어났는지 알 수 없게 되고 만다. 이렇게 무리해서 어쩔 수 없이 하는 행동은 오래가지도 못한다.

이제껏 해보지 않은 무언가 새로운 일에 도전하고자 한다면 명확한 목표 의식을 갖는 것이 중요하다. 일찍 일어나는 일도 마찬가지다. 아침에 모처럼 일찍 일어나서 아침 시간을 마련했는데 해야 할 일에 대한 목표나 목적이 정해지지 않은 상태라면 의욕도 생기지 않는다.

아침부터 두뇌 회전을 빠르게 하려면 우선 아침에 무엇을 할지 명확히 하자. 정해진 목표와 구체적 행동을 결합해 습관화하는 것이 중요하다. 다시 말해, 아침에 일어나서 '뭘 하지?'라고 막연히 생각하기보다는 저절로 몸이 움직일 수 있는 자기만의 아침 루틴을 만들어야 한다.

나는 매일 아침 집을 나서기 2시간 전에 일어난다. 눈을 뜨면 차나 커피를 마시면서 느긋한 여유 시간을 갖는다. 몸이 풀리고 정신이 들면 '아침 연재 트위터'라는 제목으로 트위터에 글을 쓴 다음 이메일을 확인한다. 여기까지 모두 마치면 신문을 가지러 간다. 그리고 신문을 읽으면서 아침을 먹는다. 그 후 태블릿 PC를 한 손에 들고 조용히 화장실에 들어앉아 영어 원서

나 인터넷 뉴스를 읽는다. 원고 집필에 들어가는 것은 이 모든 것을 마치고 나서다. 실질적인 일을 한바탕 마친 뒤에는 샤워를 하고 집을 나선다.

이렇듯 나는 기상 후 2시간 동안 이루어지는 아침 일과를 '자동적으로' 하는 습관을 들여 깨어난 직후의 두뇌를 빠르게 활성화한다. 이렇게 하면 아무리 바쁜 날이라도 그날 해야 할 업무나 공부가 놀라울 정도로 매끄럽게 진행된다.

물론 나처럼 몸이 자동적으로 움직일 정도로 습관화가 되려면 하루이틀로는 불가능하다. 어느 정도 시간이 걸리는 일이며, 자신의 상황에 맞게 수정하고 보완하는 작업도 필요하다. 이러한 자동화된 아침 루틴을 만드는 비결에 대해서는 다음 장에서 더 구체적으로 살펴보도록 하겠다.

아침 SNS 활동으로
재빠르게 사회와 소통하자

예전에는 보통 아침에 일어나면 제일 먼저 신문을 읽거나 TV 뉴스를 보거나 라디오를 듣곤 했다. 하지만 시대가 변하면서 아침에 제일 먼저 하는 일도 달라졌다. 오늘날에는 이른 아침 인터넷에서 신선한 정보를 수집하거나 트위터나 페이스북 같은 SNS를 통해 커뮤니티를 넓히는 활동도 활발하다. 스마트폰의 대중화로 아침에 짬을 내어 소셜 미디어를 통해 인맥을 만들거나 SNS 관리에 열을 올리는 사람이 최근 몇 년 사이에 급격히 늘었다. 나도 그런 사람 중 하나다.

나는 아침에 일어나면 맨 먼저 트위터에 접속해 '아침 연재 트위터'를 쓴다. 앞서 설명했듯이 이는 나의 아침 루틴 중 하나다. 글을 올렸을 때 돌아오는 사람들의 반응을 보고 성취감을 얻기도 한다. '아침 연재 트위터'는 업무적으로도 큰 도움이 된다. 트위터를 본 사람으로부터 업무 의뢰가 오거나 여러 사람과 소통하는 가운데 새로운 인맥이 만들어지는 경우도 적지 않다.

나는 종종 어떻게 아침부터 그리고 짧은 시간에 그렇게 수준 높은 글을 쓰냐는 질문을 받는다. 사실 특별히 무언가를 의식하지도 않고 그 자리에서 떠오른 것이나 느낀 것을 그대로 트위터에 적을 뿐이다. 굳이 말하자면, 머리가 가장 맑은 시간에 그 누구의 방해도 받지 않고 내가 하고 싶은 대로 즐기면서 글을 쓰기 때문이 아닐까.

최근 직원 채용 시 SNS 계정을 조회하는 기업들이 늘어나고 있다고 한다. 개인정보 침해라고 여길 수도 있지만 그보다 SNS 활동으로 그 사람이 얼마나 트렌드에 민감한 사람인지, 어떤 사회적 인맥을 가지고 있는지 알 수 있어서 그런 풍토가 생겨난 듯하다. 이처럼 SNS는 이제 우리 삶에서 점점 선택이 아닌 필수가 되고 있다. '디지털 유목민'digital nomad 이라는 말도 있듯이 아침 SNS 활동의 장점은 장소에 구애받지 않고 언제 어디서든 자신이 좋아하는 공간에서 할 수 있다는 점이다. 집은 물론, 출근이나 등교하는 전철이나 버스 안, 회사나 학교 근처 카페, 패밀리 레스토랑, 패스트푸드점 같은 곳에서도 가능하다.

아침 시간을 활용한 SNS 활동은 여러 분야의 정보를 얻을 수 있어 적절한 두뇌 자극에도 매우 효과적이다. 새롭게 인맥을 넓혀 커뮤니케이션 기술을 기르는 데도 도움이 되므로 적극적으로 활용할 필요가 있겠다.

제2장

최상의 컨디션을 만드는
사소하지만 중요한 아침 습관

BRAIN & MORNING

아침은 몰입 경험을 위한
최고의 시간

인간의 뇌는 안정된 상태에서 뛰어난 집중력을 발휘할 때 상대적으로 스트레스나 피로를 덜 느낀다. 뇌가 이른바 '몰입'flow 상태이기 때문이다.

몰입이란 미국의 심리학자 미하이 칙센트미하이Mihaly Csikszentmihalyi 가 만든 개념으로 자기 자신을 잊고 완전히 집중한 정신 상태를 가리킨다. 몰입 상태에 들어가면 시간이 멈춘 듯한 감각에 빠지거나 실제로는 몇 시간이나 지났는데 한순간의 일처럼 느끼기도 한다. 간단히 말하자면, 일이나 공부에 푹 빠져

자아와 대상의 구분이 사라질 정도로 몰두한 순간이라 하겠다. 현재의 자신을 잊을 정도로 한 가지에 마음을 집중한 순간이라고도 할 수 있다.

흔히들 긴장한 상태를 집중한 상태로 착각하기 쉬운데 사실은 그렇지 않다. 어떤 일에 몰입하게 되면 대단한 집중력을 발휘하는 순간에도 편안한 상태를 유지할 수 있다. 아이가 넋을 놓고 놀이에 빠져 있을 때나 운동선수가 세계 신기록을 내는 순간이 그 좋은 예다. 필사적으로 매달리기보다는 오히려 편안하게 집중한 상태에 가까운데 이때가 바로 몰입 상태다.

2012년 런던 올림픽 남자 100미터 결승에서 우사인 볼트 선수가 9초 63으로 또다시 올림픽 신기록을 세우며 금메달을 거머쥐었다. 그런데 그때 그가 달리던 모습이 매우 인상적이었다. 전 세계인의 이목이 쏠려 있어 일반 사람들은 상상조차 할 수 없는 엄청난 압박감에 시달렸을 텐데도 즐기면서 달리는 듯 보였기 때문이다. 그는 마치 주변의 잡음 따위는 들리지 않는 듯한 무심한 모습으로 달리기 자체를 즐기고 있었다. 그야말로 높은 차원의 집중력을 발휘하면서도 편안함을 유지하는 최상의 몰입 상태로 보였다.

이처럼 인간의 두뇌와 몸은 몰입 상태일 때 최고의 실력을 발휘한다. 그렇다면 뇌가 활발한 아침 시간에 자기 자신도 잊을 정도로 집중하는 몰입 상태에 빠져보는 건 어떨까. 그 효과가 더욱 극대화될 것이다. 아침에 개운하게 일어나서 아주 편안한 상태로 무언가에 집중하면 자신이 갖춘 능력을 마음껏 발휘할 수 있기 때문이다. 그뿐 아니라 그 상태가 오래 지속되기까지 한다. 안정된 상태의 아침 뇌가 몰입했을 때의 그 감각을 반드시 기억하자. 몰입 상태는 뇌가 가장 기뻐하는 순간이기도 하므로 그때의 쾌감을 계속해서 바라기 때문이다. 따라서 새로운 일이나 매번 작심삼일로 끝나버린 일에 도전하고자 한다면 뇌가 기운 넘치고 편안한 상태를 유지하는 아침에 해야 한다.

이 글을 읽으며 누군가는 '졸려서 일어나기도 힘든 마당에 무슨 몰입 타령이냐'라고 반문할 수 있겠다. 그렇다면 어떻게 해야 일어나기도 힘든 아침 시간에 우리의 뇌를 깨우고 나아가 최고의 몰입 상태에 이르게 할 수 있을까? 그래서 이제부터 뇌 컨디션을 최고로 만드는 사소하지만 중요한 습관들에 대해 하나하나 이야기해보려 한다.

최고의 아침을 위해서
밤의 뇌는 쉬어야 한다

아침은 새로운 일을 기획하거나 아이디어를 떠올리는 것은 물론이고 누군가를 만나거나 인맥을 쌓기에도 딱 좋은 시간이다. 단 이것은 '충분한 수면을 취했을 때'를 전제로 한다.

아이디어에 관한 이야기를 조금 더 해보자. 영어에 '슬립 온 잇'sleep on it 이라는 표현이 있다. 하룻밤 자고 일어나서 다시 생각하라는 뜻인데, 이 말처럼 머릿속이 복잡해지고 생각이 막혔을 때는 밤새 붙잡고 있기보다 일찍 자고 일찍 일어나서 다시 생각하는 게 문제 해결에 더 도움이 된다.

이는 뇌과학 연구에서도 분명히 밝혀진 사실이다. 기본적으로 아이디어로 승부를 보는 창의적인 일을 하려면 자신의 지식이나 경험을 음미하고 정리해서 머릿속에 '스며들게' 해야 한다. 창의성은 이러한 과정을 거쳐야만 생겨난다. 나도 밤에 원고를 쓰다가 좀처럼 진도가 나가지 않을 때는 뇌를 쉬게 하기 위해 서둘러 잠자리에 든다. 다음 날 아침 개운한 상태에서 쓰는 편이 훨씬 진행이 빠르기 때문이다.

　어째서 밤은 창의적인 일이나 공부에 적합하지 않을까? 사람은 자는 동안 아침에 일어나서 밤에 잠들기 전까지 쌓인 기억을 정리하고 저장하기 때문이다. 다시 말해 밤의 머릿속은 정리되지 않은 기억으로 가득 차 있다. 이런 상태에서는 뇌가 유연하게 사고하지 못한다.

　반대로 아침에는 어떨까? 자는 동안 기억이 정리되므로 아침에는 머릿속이 맑은 상태다. 두뇌가 활력이 넘치므로 아침은 그만큼 창의적인 일을 하기에도 딱 좋은 시간대다. 그런데 너무 밤늦은 시간에 잠에 들거나 제대로 잠을 자지 못한다면 어떻게 될까? 미처 정리되지 않은 정보들이 뒤죽박죽인 채로 아침을 맞이하게 될 것이다.

　최신 뇌과학 연구에 따르면 밤의 뇌는 아침과는 다른 방식으로 활동한다고 한다. 뇌는 깨어 있는 동안 수많은 정보를 얻고 스트레스나 감정적 모순에 시달린다. 그리고 자는 동안 뇌는 이를 '쓸모 있는 자원'으로 만든다. 숙면과 질 좋은 잠이 꼭 필요한 이유가 바로 이 때문이다(뇌과학적 숙면 관리법에 대해서는 다음 장에서 더 자세히 설명할 예정이다). 아침에 일어났을 때는 정보도 통일성 있게 정리되어 있으므로 두뇌는 상당히 균형 잡힌 상태에서 새로운 일에 몰입할 수 있다(저자가 말한 밤의 뇌가 아침과 다르게 작동한다는 말은 잠을 잘 때의 뇌와 깨어 있을 때의 뇌가 다르게 작동한다는 의미다. 깨어 있는 동안 뇌는 외부로부터 수많은 정보를 받아들인다. 잠자는 동안에 뇌는 깨어 있을 때보다 30퍼센트나 더 활발하게 움직이며 외부로부터 받아들인 정보들을 정리하고 가공한다. 그러나 모든 사람들이 일률적으로 서둘러 잠자리에 든다고 해서 쉽게 잠을 이루지는 못한다. 유전적 형질에 따라 이른 시간에도 잠자리에 들 수 있는 사람이 있는 반면 쉽게 잠에 들 수 없는 사람도 많기 때문이다―감수자 주).

늦은 시간까지 일을 하거나 잠자기 전 침대에서 스마트폰을 만지작거리다 일찍 잠들지 못하는 현대인들이 많다. 밤의 뇌에게 또 다른 복잡한 생각과 정보를 주지 말자. 밤의 뇌에 필요한 것은 정보와 기억을 정리할 충분한 시간이다. 그래야 아침의 뇌가 최상의 컨디션으로 활동할 수 있다. 밤의 뇌를 쉬게 한 후 창의적이고 높은 사고를 요구하는 일은 활력 넘치는 아침 뇌에게 맡기도록 하자.

햇빛을 쐬어
뇌에 아침이 왔음을 알려라

인간은 매일 일정한 생활 패턴을 반복한다. 아침이 되면 눈이 떠지고 어느 정도 시간이 흐르면 배가 고프고 밤이 되면 꾸벅꾸벅 잠이 쏟아진다. 이처럼 우리 몸은 대략 하루에 해당하는 리듬을 가지고 있는데 주기적으로 반복되는 이 생체 리듬을 '일주기 리듬'circadian rhythm이라고 한다. 생체 리듬을 좌우하는 체내 시계는 뇌 시상하부의 '시교차 상핵'suprachiasmatic nucleus, SCN이라는 곳에 있다. 아침에 깨어나고 밤에 자는 일정한 각성과 수면의 리듬도 이곳에서 만들어진다.

덧붙이자면 시교차 상핵이 있는 시상하부는 각성 및 수면 리듬 이외에도 체내의 다양한 순환 기능, 체온과 혈압 조절, 호르몬 분비에 관여하는 중추에 이르기까지 순차적인 관리를 통해 우리 몸의 리듬을 조절한다.

일주기 리듬을 '대략 하루에 해당하는 리듬'이라고 말한 이유는 인간이 정확히 24시간을 주기로 생활하지는 않기 때문이다. 인간의 몸은 그냥 내버려두면 체내 시계가 어느 순간 약 25시간 주기로 돌아간다. 다시 말해 주기가 서서히 늘다가 대략 1시간이 어긋나게 되는 것이다.

예를 들어 햇빛이 차단된 어두컴컴한 공간에서 정확한 시간을 알 수 없는 상태로 살면 체내의 24시간 주기가 어긋나 하루를 25시간 주기로 생활하게 된다(1938년 시카고 대학교의 너새니얼 클라이트먼 Nathaniel Kleitman 교수와 조교인 브루스 리처드슨 Bruce Richardson 은 햇빛이 전혀 닿지 않는, 지구에서 가장 깊은 동굴 중 하나인 켄터키의 매머드 동굴에서 6주 동안 생활하는 실험을 했다. 빛이 완전히 차단된 환경에서 신체의 일주기 리듬이 어떻게 바뀌는지 알아보기 위한 실험이었다. 그 결과 두 사람의 일주기 리듬은 햇빛이 들어오지 않는 환경에서도 일정하게 유지되었는데 20대였던 리처드슨의 주기가 26~28시간이었다면, 40대였던 클라이트먼의 주기는

24시간보다 좀 더 길었다—감수자 주).

　먼 곳으로 해외여행을 다녀본 사람이라면 '시차 증후군'에 시달려 본 적이 있을 것이다. 극도의 졸음과 두통, 집중력과 판단력이 흐려지는 소위 멍한 느낌 등 증상은 사람마다 다르지만 이 역시 체내 시계가 어긋나면서 생기는 문제다(일주기 리듬은 해가 뜨고 지는 것에 맞추어 하루 사이클로 반복된다. 그런데 먼 거리의 해외여행을 하게 되면 외부 환경의 변화와 신체의 일주기 리듬이 어긋나게 된다. 예를 들어 아침 9시에 비행기를 타고 12시간 거리를 비행하여 12시간이 늦는 나라로 여행을 했다고 해보자. 신체의 일주기 리듬은 아침 9시로부터 12시간이 지났으므로 오후 9시에 있지만, 목적지의 실제 시간은 오전 9시가 된다. 어쩔 수 없이 깨어 있을 수밖에 없지만 신체는 피로를 느끼고 휴식을 취할 준비를 한다. 따라서 억지로 깨어 있다 보면 졸음이 쏟아지고 머리가 멍해지며 집중할 수 없게 되는 것이다—감수자 주). 그렇다면 바늘이 고장 난 체내 시계를 다시 24시간 주기로 바로잡으려면 어떻게 해야 할까? 이 질문에 대한 답은 뇌 그리고 아침 시간과 밀접한 관련이 있다.

　결론부터 말하자면 아침에 일어나면 커튼을 열고 햇빛을 충분히 쐬면 된다. 햇빛이라는 외부의 빛을 받으면 그 자극이 시신경을 통해 뇌의 시교차상핵으로 들어간다. 그러면 어긋났던 체내 시계를 제자리로 되돌릴 수 있다.

뇌과학적으로 다시 설명하자면, 뇌에 있는 '솔방울샘'(송과체)이라는 내분비기관이 햇빛을 감지하면 아침이 왔다고 판단해 수면 호르몬인 멜라토닌melatonin이 분비되지 않도록 뇌에 명령을 내린다. 이처럼 햇빛을 쐬면 뇌에 불이 반짝 들어와 졸음이 달아나므로 개운하게 하루를 시작할 수 있다(보다 엄밀하게 말하자면, 멜라토닌은 두뇌의 모든 영역에 잠잘 준비를 하라는 신호를 내리는 신경전달물질이며 실제로 수면에 관여하지 않는다. '어둠의 호르몬', '뱀파이어 호르몬'이라고도 불리는 멜라토닌은 어두워진 이후에 솔방울샘에서 분비되어 모든 뇌 영역들을 잘 시간이라는 출발점에 모이도록 만든다. 하지만 잠 자체에는 거의 영향을 미치지 않으며 실제로 잠에 이르게 하는 물질은 앞서 언급한 아데노신이다―감수자 주). 또한 아침에 일어나자마자 햇빛을 쐬면 뇌를 깨우는 세로토닌serotonin이라는 호르몬의 분비가 활성화되어 몸과 마음의 균형이 바로잡힌다. 이처럼 아침에 쐬는 햇빛은 뇌에 새로운 활력을 불어넣어 주는 원천이나 다름없다(햇빛이 망막세포에 전달되면 빛 자극이 신경자극으로 변환되어 시교차상핵에 이르며 이곳에서 솔방울샘에 지령을 내려 세로토닌이 분비된다. 그러면 각성과 주의 상태가 된다. 반대로 저녁이 되어 어두워지면 시

교차상핵에서 솔방울샘으로 지령을 내려 멜라토닌을 분비하도록 하고 두뇌의 부위들이 잠잘 준비를 하게 된다―감수자 주).

앞서 나는 아침에 일어나는 게 힘든 적이 없었다고 말한 바 있다. 새로운 일을 시도하는 것에 대한 설렘이 가장 큰 이유였지만 그 외에도 되도록 자연스러운 상태에서 잠들고 기상하는 습관을 들여놓았기 때문이라고 자부한다.

아침 두뇌 컨디션을 최상의 상태로 만들기 위해 오늘부터 햇빛을 쬐는 연습을 해보면 어떨까. 아침에 신문을 가지러 문밖으로 나가거나 베란다에서 햇빛을 쬐면서 스트레칭을 하는 것도 좋다. 어떤 방식으로든 뇌를 비롯한 온몸에 '아침이 왔으니 오늘 하루도 힘내자'와 같은 긍정적인 메시지를 보내는 것이 중요하다.

뇌는 걸을 때
더없는 행복을 느낀다

최근 퇴근 후 저녁 시간에 공원 산책로 주변에서 조깅하는 직장인들을 자주 볼 수 있다. 나 역시 몇 년 전부터 걷기 운동을 하고 있다. 매일 최소 10분 정도 정해 놓은 코스를 걷는다. 일 때문에 어디를 가야 할 때도 되도록 교통수단을 이용하지 않고 두 다리로 걸으려고 노력 중이다.

걷기나 조깅은 잘못된 생활 습관으로 생기는 각종 질병을 예방하고 비만 대책에 효과적이며 다이어트에도 도움이 된다. 그뿐만이 아니다. 걷기나 조깅을 하면 긴장을 푸는 데 도움이 되고 뇌를 단련할 수도 있다. 또한 걷기를 습관화하면 매사에 적극적으로 임하게 된다. 어떤 이들은 아침 조깅으로 인생이 180도 달라졌다고 말하기도 한다.

뇌과학적 측면에서 이야기를 하자면, 인간 행동의 90퍼센트를 관할하는 곳이 '뇌의 사령탑'이라 불리는 이마앞엽인데, 이곳은 운동으로 단련할 수 있다. 이마앞엽은 주로 정보의 처리와 판단을 맡고 있으므로 이곳을 강화하면 일이나 공부를 할 때도 집중력과 판단력이 높아진다.

성공한 인물이나 세계적인 경영자들 중에는 조깅이 취미라고 말하는 사람이 많다. 운동하는 습관을 들이자 업무 효율이 향상된 경험을 직접 겪었거나 그러한 뇌과학적 연구 결과를 이미 알고 있었기 때문일 것이다. 사무직 비율이 높은 현대인들은 일하는 대부분의 시간 동안 앉아 있기 때문에 아무래도 운동 부족이 되기 쉽다. 그런 사람일수록 걷는 습관을 들여서 이마앞엽을 단련하면 어떤 효과가 나타나는지 직접 느껴보자.

한 마디 더 보태자면, 아침에 걷기나 조깅을 하면 뇌가 활성화되어 스트레스 해소에도 도움이 된다. 뇌에서 알파파alpha wave가 나와 긴장이 풀리고 몸과 마음이 행복감을 느끼면서 뇌의 시상하부와 뇌하수체에서 '베타 엔도르핀'β-endorphin이라는 쾌감 물질이 분비되기 때문이다. 베타 엔도르핀은 스트레스를 해소하는 물질로, 뇌에서 분비되면 서서히 행복감이 밀려오며 그에 따라 몸과 마음의 피로도 사라진다. 정신적으로 단단해지므로 일이나 공부할 의욕도 샘솟는다(베타 엔도르핀은 몸속에서 만들어지는 '천연 마약'이라고도 불린다. 이것이 분비되면 기분이 좋아질 뿐 아니라 기억력과 인내력이 강화된다. 또한 인체기관의 노화를 막고 암세포를 파괴시키기도 한다. 운동을 하면 베타 엔도르핀이 다섯 배 이상 증가한다는 연구 결과도 있다―감수자 주).

다만 이 쾌감 물질은 5~10분 정도만 운동해서는 분비되지 않는다. 가볍게 땀이 배어 나오도록 30분 정도는 운동해야 한다. 운동량은 자신의 피로나 스트레스 정도에 맞춰서 정하자. 피로나 스트레스가 과도하게 쌓인 상태에서 격렬하게 운동하면 오히려 피로가 더 쌓이거나 또 다른 스트레스를 불러오는 역효과가 난다. 어떤 일을 하든 지나침은 모자람만 못하다는 사실을 꼭 명심하자.

따로 운동할 시간을 낼 수 없는 현대 도시 생활에서 걷기처럼 간편하고 효율적인 신체 활동은 없다. 그렇다면 언제 운동을 하는 것이 가장 좋을까? 나 역시 학창 시절에는 주로 저녁에 운동을 했다. 하지만 지금은 이미 자리 잡은 생활 습관이 있다

적당함과 적정량이 중요!

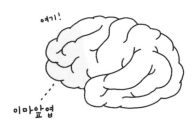

이마앞엽은 운동으로 단련할 수 있다.

보니 저녁에 시간을 내기가 좀처럼 쉽지 않아서 주로 아침에 시간이 될 때마다 걷기 운동을 한다. 몸의 건강을 위해서라면 아침이든 저녁이든 상관없지만(아침 운동과 저녁 운동의 효과가 각각 다르다는 연구 결과가 있다) 창의성을 높이고 두뇌를 단련하기 위한 목적이라면 저녁보다는 아침을 더 추천한다(걷기 운동은 저녁보다는 해가 있는 아침에 하는 것이 좋다. 햇빛을 받으며 걷거나 가볍게 달리는 등의 리듬운동을 하게 되면 근육을 통해 뇌로 효과가 전달되어 세로토닌 신경이 활성화된다. 세로토닌 분비가 늘어나면 몸과 마음에 생기와 활력이 솟아나 평안하고 행복한 마음을 유지할 수 있게 된다. 저녁에 하는 걷기 운동은 근육 강화나 다이어트에는 도움이 될 수 있지만 햇빛이 없으므로 세로토닌 분비를 촉진하기는 어렵다—감수자 주).

규칙적인 아침 식사로
뇌에 에너지를 채운다

"뇌를 활성화시키려면 아침 식사로 뭘 먹으면 좋을까요?"

"아침에 먹으면 좋은 특별한 음식이라도 있나요?"

지금까지 여러 사람에게서 몇 번이나 이런 질문을 받았는지 모르겠다. 뇌과학적 입장에서 말하자면, 사실 뇌 발달에 특별히 좋은 아침 식사나 음식이 따로 정해져 있지는 않다. 다만 뇌과학자로서 자기 나름의 방식대로 아침 식사를 하는 '습관'을 들이라고 권하는 편이다.

나는 아침에 눈을 뜨면 커피와 초콜릿을 먹으며 먼저 정신을 차린다. 아침을 먹기 전 트위터에 글을 쓰거나 원고를 집필하는 등의 창의적인 활동을 하고 그 후 따뜻한 밥과 된장국에 반찬을 곁들여 아침 식사를 한다(커피는 아데노신이 신경에 달라붙지 못하게 함으로써 각성 효과를 높이고, 초콜릿은 도파민 분비를 촉진하여 이마엽을 자극함으로써 집중력을 높이는 효과가 있다. 이러한 이유 때문에 저자는 아침에 커피와 초콜릿을 먹는 것으로 보인다. 나는 영양학자가 아니므로 정확히 알 수는 없지만, '아침은 황제처럼, 점심은 평민처럼, 저녁은 거지처럼'이라는 말에서 보듯이 아침 식사가 중요한 것만은 틀림없다. 황제처럼 먹으라는 의미는 푸짐하게 많이 먹으라는 게 아니라 영양학적으로 뛰어난 음식들을 차려 먹으라는 얘기다. 특히 철분의 결핍은 집중력과 이해력, 논리적 사고능력의 저하를 가져오며 학습력과 기억력의 약화를 불러오므로 철분이 많이 든 과일이나 채소를 섭취하는 것이 좋다. 또한 씹는 운동은 두뇌를 활성화시키는 효과가 있으므로 부드러운 음식보다는 다소 딱딱한 음식을 오래 씹어 먹는 것이 중요하다─감수자 주).

직장인들 중에는 바빠서 아침밥을 거르는 사람도 있지만 아침은 그렇지 않아도 귀중한 시간이다. 하루 동안 자신의 능력을 제대로 발휘하고자 한다면 반드시 아침이라는 한정된 시간 내에 규칙적으로 밥 먹는 습관을 들여야 한다.

여기서 꼭 짚고 넘어가야 하는 부분이 있다. 아침밥을 많이 먹어야 머리가 좋아진다고 생각하는 사람이 많다는 점이다. 뇌 과학적으로 말하자면, 아침밥을 많이 먹는다고 해서 머리가 좋아지는 것도, 일을 더 잘하게 되는 것도 아니다. 그렇지만 아침을 아예 먹지 않아 뇌가 에너지 공급을 받지 못하면 이 또한 사고력 저하로 이어져 더 큰 문제가 생긴다. 바쁜 직장인들이 아침밥을 먹지 못하는 사정은 제각각 다를 것이다. 하지만 그렇게 많은 양을 먹을 필요는 없다. 빵 한 조각이나 삼각 김밥 하나만이라도 먹는 습관을 들이자. 그 정도가 자신에게 적당하다면 그것으로 충분하다. 다만 영양상 균형 잡힌 같은 양의 식사를 매일 아침 규칙적으로 먹어야 더 건강에 좋은 것만은 틀림없다.

나도 매일 아침 정해진 시간에 정해진 메뉴로 같은 양의 밥을 먹는다. 아침 식사하는 습관을 들이고자 하는 이유도 있지만, 그것과는 별개로 '오늘 아침에는 뭘 먹지?' 하고 생각하는 데 드는 에너지를 다른 생산적인 일을 하는 데 쓰기 위해서다.

'잔다→일어난다→먹는다'라는 행동의 변화가 뇌에는 스트레스를 줄 수 있다. 이와 같은 일련의 생활 리듬을 만들어내기 위해 뇌가 쓰는 에너지는 얼마나 될까? 자는 시간, 일어나는 시간, 아침밥 먹는 시간과 양을 스스로 조절해 그 습관을 몸에 익힌다면 아침부터 두뇌는 중요한 일에 열성적으로 에너지를 쏟을 수 있을 것이다.

습관으로 뇌를
'동기화'시킨다

혹시 '뉴런'neuron이라는 말을 들어본 적이 있는가? 뇌를 구성하는 세포의 주역이 바로 뉴런이라고 불리는 신경세포다. 뇌에는 수천억 개의 신경세포가 있으며 하나의 신경세포에는 하나의 축삭돌기와 무수한 가지돌기가 뻗어 있다.

사람이 어떠한 행동을 취하면 축삭돌기와 가지돌기가 다른 신경세포와 결합해 거대한 행동 회로를 형성한다. 뇌과학 연구에 따르면 행동 회로를 형성하는 신경세포는 어떤 행동을 반복하면 할수록 뇌를 강화해 더 뛰어난 능력을 발휘하게 만든다.

뇌의 행동 회로를 강화하는 가장 좋은 방법은 이제껏 해본 적 없는 새로운 일에 도전하는 것이다. 인간의 뇌는 싫증을 잘 낸다고 해야 할까, 예측 가능한 일이나 이해하기 쉬운 일에는 흥미를 보이지 않는 버릇이 있다. 반면에 예측 불가능한 일, 우연성으로 가득한 일, 중요도가 높은 일에는 흥미를 보이고 관심을 두고 주의를 기울인다. 그리고 일단 이 상태에 빠지면 그러한 상태가 지속되는 한 집중력도 유지되어 더 깊이 빠져든다. 이러한 뇌의 버릇을 영리하게 이용해서 아침에 다소 억지로라도 행동을 시작하면 누구나 두뇌 기능을 강화할 수 있다(다른 면으로 보면 두뇌는 자극을 원하는 것이라고도 할 수 있다. 예측 가능한 일이나 이해하기 쉬운, 평이한 일은 자극이 적은 일이고 그런 일에는 흥미를 잃기 마련이다. 싸움닭 같이 좌충우돌하는 사람들은 특히나 자극이 필요하기 때문인데 이는 이마엽의 기능이 상대적으로 저하되어 있기 때문일 수도 있다―감수자 주).

물론 아침부터 기운 넘치게 활동하는 게 누구에게나 쉬운 일이 아니다. 하지만 매일 하지 않아도, 억지로 하는 것이라도 좋다. 시작한다는 행위 자체가 중요하다. 일단 일어나서 아침의 행동 스위치를 켜자. 그리고 반복하자. '아침에 무엇을 하겠다'는 다짐만으로는 뇌를 통제할 수 없으므로 구체적인 행동을 정해놓고 반복하는 편이 효과적이다. 뇌에서는 '동기화'라는 현상이 일어나므로 일이나 공부를 시작하면 뇌는 그 행동에 빠져들어 자신의 상태를 맞춰가려고 한다. 어느새 믿기 어려울 정도로 집중하게 된 자신을 발견하게 될지도 모른다.

'아침에 무언가를 이루어내고 싶다', '아침 시간을 성장의 기회로 삼고 싶다'와 같은 적극적인 마음을 가지고 이를 달성하기 위한 구체적인 행동으로 옮기자. 처음엔 억지로 시작해야 하기 때문에 다소 힘들 수도 있다. 하지만 이 과정을 반복해 습관화하면 뇌의 행동 회로가 강화되면서 조금씩 수월해짐을 느낄 수 있다. 이러한 강화된 뇌를 통해 나의 잠재 능력을 마음껏 발휘해보도록 하자.

'네오필리아'의 천적인
지루함을 물리치는 방법

앞서 인간의 뇌는 싫증을 잘 낸다고 말했다. 인간의 뇌는 늘 새로움을 추구하는 성질을 지니고 있는데 이를 '네오필리아'neophilia라고 한다. 지구상에서 인간 종種만이 지금과 같은 진화와 번영을 이룰 수 있었던 이유는 이러한 성질을 지녔기 때문이라고 해도 과언이 아니다.

이를 뒤집어서 생각해보면, 지루함이야말로 뇌의 천적이라할 수 있다. 새로운 일에 도전하지도 않고 매일 똑같은 일을 반복하며 보내는 일상을 지루하다고 느끼지 않는다면, 뇌의 성장이 정체되었다는 증거다. 이러한 상황이 오지 않게 하려면 스스로 고민해서 네오필리아를 충족시킬 만한 행동을 해야 한다. 다시 말해 자신이 흥미를 느끼는 분야나 새로운 일에 도전해서 뇌에 긍정적 자극을 줘야 한다.

나의 경우에는 네오필리아를 충족시키기 위해 아침에 이제껏 읽어본 적 없는 새로운 책을 읽는다. 책에는 무시무시한 마력이 있어서 읽기만 해도 새롭고 낯선 세계로 빨려 들어간다. 다른 책을 읽으면 또 다른 새로운 세계가 계속해서 펼쳐진다. 그렇기에 책은 나에게 있어 뇌의 천적인 지루함을 물리치는 가장 효과적인 무기다.

긴장이 풀어진 아침 시간에 느긋하게 음악을 듣는 것도 좋다. 다양한 장르의 음악을 그날의 기분에 맞춰서 골라 들으면 신선한 기분을 느낄 수 있고 그것이 뇌에 긍정적 자극을 주기 때문이다. 오늘날처럼 인터넷이 널리 보급되고 SNS가 유행하는 시대라면 지루함을 물리칠 방법은 얼마든지 찾을 수 있다. 최첨단 전자 매체를 적극적으로 활용해 자신만의 독창적인 음악을 만드는 것도 재미있을 것이다. 또 동영상을 제작해 전 세계에서 볼 수 있도록 유튜브와 같은 영상 플랫폼에 올리는 것도 네오필리아를 충족시키는 효과적인 방법이다.

뇌는 지루함을 느끼면 부정적인 사고에 빠지는 나쁜 버릇이 있다. 그런 의미에서도 아침에 적극적으로 새로운 일에 도전해서 네오필리아를 충족시키는 것은 두뇌의 컨디션 유지와 성장을 위한 최고의 영양원을 공급하는 일이라 할 수 있다.

낯선 환경을 선사하여
뇌를 깨운다

누구나 평소 익숙한 환경에서 활동할 때 몸도 마음도 편하다고 느낀다. 하지만 마음 편한 '홈그라운드'에만 머무르는 일이 뇌에는 결코 좋지 않다. 늘 익숙한 환경에만 머무르면 두뇌 활동 패턴도 매너리즘에 빠지게 된다.

집에서 느긋하게 쉴 때의 두뇌 상태가 대표적이다. 집은 자신에게 홈그라운드이므로 뇌는 '변화할 필요가 없다'고 판단해 이제까지 써온 행동 회로로 처리한다. 오랜 기간 동안 같은 직장에서 똑같은 일을 할 때의 두뇌 상태도 마찬가지다. 반면에 지인의 집에 식사 초대를 받거나 직장에서 새로운 업무를 맡거나 직장의 다른 부서로 이동하거나 하면 뇌는 제멋대로 기존과는 다른 활동을 시작해 당장이라도 활성화할 태세를 갖춘다. 즉 두뇌 활동을 활발히 하려면 평소와는 다른 낯선 환경에 머무르는 것이 중요하다.

뇌는 예측 가능한 일에 그다지 기쁨을 느끼지 않는다. 반면에 어떻게 대응해야 할지 모르는 상황에 놓이면 신바람이 나서 풀가동된다. 이는 뒤에서 설명할 뇌의 '가소성'plasticity이라는 신비한 성질과 관련이 있는데, 그만큼 뇌는 항상 새로운 변화와 예측 불가능한 자극을 바란다. 우리의 어린 시절을 생각해보자. 어째서 어린 시절에는 뇌가 매일같이 성장할 수 있었을까? 아는 것이 많지 않은 아이에게는 접하는 모든 사물과 사건이 낯설고 새롭기 때문이다.

그런데 나이를 먹을수록 익숙한 환경에 머무는 나날이 늘어가고 반대로 낯선 환경을 마주할 확률은 줄어든다. 오랜 세월 동안 단조로운 일상을 보내면서 낯선 환경을 전혀 접하지 않는 사람도 적지 않다. 물론 아무 일 없는 평온한 일상도 중요하지만 나이를 먹으면 먹을수록 익숙한 환경은 두뇌 성장에는 부정적인 영향을 미친다(미국 노스웨스턴 대학교의 애덤 웨이츠

뇌는 항상 새로운 자극과 변화를 원한다

익숙한 환경
뇌의 활동 패턴이 매너리즘에 빠진다

낯선 환경
뇌가 기쁨을 느껴 풀가동된다

Adam waytz 교수에 의하면 인간의 뇌는 의식적으로 머리를 쓰지 않아도 획기적인 아이디어를 떠올릴 수 있다고 한다. 번개가 치듯 혁신적인 아이디어를 떠올리는 순간을 '유레카 모멘트'eureka moment 라고 하는데 뇌 안에는 이러한 작용이 가능하도록 하는 '디폴트 모드 네트워크'default mode network 라고 하는 영역이 자리 잡고 있다. 이 부위는 평상시 하던 익숙한 일에서 벗어나 다른 시간과 공간을 자유롭게 넘나들 때 활성화된다고 한다. 익숙하고 반복적인 일에서 벗어나 낯선 환경을 접할 때 뇌의 창의적인 기능이 활성화되는 것이다. 우리에게 익숙한 작가 알랭 드 보통도 '독창적인 생각은 수줍음 타는 동물을 닮았다. 밖으로 잘 안 나오려고 한다. 그런데 우리가 낯선 곳에 가면 녀석도 그곳 세상이 궁금해 동굴이나 집 밖으로 나오고 싶어 한다'고 강조한 바 있다—감수자 주).

  그렇다면 익숙한 일상 속에서 어떻게 하면 뇌에 새로운 자극과 낯선 환경을 선사할 수 있을까? 앞서 네오필리아의 천적인 지루함을 없애기 위해 자신이 흥미를 느끼는 분야나 새로운 일에 도전해서 뇌에 긍정적 자극을 줘야 한다고 말했는데, 혼자만의 의지로 이러한 새로운 도전을 하는 것이 힘든 사람들도 있겠다. 그럴 때 나는 자신이 속한 환경에 약간의 변화를 주라고 말한다. 아침 스터디 모임을 통해 새로운 사람들과 만남을 가지거나 조찬 강연을 들으러 가거나 영어 학원 새벽반에 등록하는 등 매일 아침에 집을 벗어나 새로운 환경에 자신을 갖다 놓는 것이다. 익숙한 환경에서 벗어난 뇌는 새로운 자극을 받고 이는 곧 뇌의 활성화로 이어진다. 혼자만의 의지로 나를 바꾸는 게 힘들다고 느껴진다면 외부의 환경 자극을 통해 매너리즘에 빠진 뇌를 깨우는 것도 방법이다.

때로는 가슴 두근거리는 낯선 환경에 머무르면서 뇌의 능력치를 최대한으로 이끌어 내보자. 낮에는 해야 할 익숙한 일이 많고 그것만 하는 데도 시간이 빠듯할 것이다. 그러니 아무에게도 방해받지 않는 아침에 적극적으로 낯선 일에 도전하자.

생각하고 행동하는 대로
우리의 뇌는 변한다

인간의 뇌가 지닌 가장 놀라운 성질은 '변할 수 있다'는 점이다. 누구나 지금의 자신에게서 벗어나 더 나아지고 싶다는 바람을 조금씩은 가지고 있다. 하지만 '실패하면 어쩌지', '만약 일을 망치면 어쩌지' 같은 생각으로 지레 겁을 먹고 한 걸음 내디딜 용기조차 내지 못하는 사람이 더 많다.

하지만 뇌는 어떤 상태에 놓이든, 비록 실패한다 하더라도 몇 번이고 재설계해서 새로 시작할 줄 아는 능력을 갖추었다. 그뿐 아니라 스스로 계속해서 변하기도 한다. 이를 뇌의 '가소성'이라고 한다.

가소성이란 물리학 용어로 '이제껏 없었던 새로운 기능을 갖추어 유지·보존하는 능력'을 가리킨다. 뇌에서는 하나의 신경세포가 '시냅스'synapse(뇌 신경세포를 서로 연결해 신호를 전달하는 부위—옮긴이)를 통해 수많은 다른 신경세포와 결합한다. 이와 같은 다양한 결합 패턴이 모여 생각을 만들고 감정을 뒷받침하고 인격을 형성한다. 즉 시냅스는 무한하게 결합하며 우리는 뇌 가소성의 힘을 빌려 그 무한한 가능성의 공간을 탐구한다.

그리고 가장 중요한 사실이 또 있다. 바로 뇌 가소성은 모든 사람이 갖춘 능력이라는 점이다. 자신이 어떻게 행동하고 무엇을 느끼고 무엇을 생각하느냐에 따라 뇌는 어느 방향으로든 변할 수 있다. 아니, '변할 수 있다'를 넘어 뇌는 언제 어디서든 '변하고 싶어' 한다. 지금 이 순간에도 우리의 뇌는 정신없이 변화를 거듭하고 있다.

때때로 '나는 이런 인간이다', '내 인생은 이렇다'와 같이 자신의 정체성이나 인생을 단정 짓는 사람들을 만난다. 이것은 뇌가 지닌 '끊임없이 변화하는 능력'을 부정하는 것이나 마찬가지다. 인간의 뇌가 지닌 무한한 가능성은 쉽게 단정 짓거나 정의할 수 없다는 점을 기억하자(뇌의 가소성과 관련된 실험은 무척 많다. 1995년에 이루어진 한 실험에서 연구자들은 피험자들을 네 그룹으로 나누어 5일 동안 피아노를 배우도록 했다. 첫 번째 그룹은 매일 2시간씩 한 손으로 치는 곡을 연습했고 두 번째 그룹은 악보나 지시 없이 마음 내키는 대로 아무렇게나 피아노를 쳤다. 세 번째 그룹은 첫 번째 그룹이 피아노를 배우는 과정을 관찰하되 직접 피아노를 치지는 않았다. 그리고 마지막으로 네 번째 그룹은 대조군으로 아무것도 하지 않도록 했다. 그렇게 5일이 지난 후 연구자들은 피험자들의 뇌에서 일어난 변화를 살펴보았다. 놀랍게도 직접 피아노를 배운 첫 번째 그룹과 피아노 치는 것을 보기만 한 세 번째 그룹의 신경망이 거의 비슷하게 변해 있었다. 자기 마음대로 피아노를 친 두 번째 그룹과 아무것도 하지 않은 네 번째 그룹의 뇌에는 아무런 변화가 없었다. 세 번째 그룹의 경우 자신이 직접 피아노를 치지는 않았지만 정신적인 집중을 통해 피아노를 칠 때 연결되는 뇌의 신경망이 자극됐고, 그 결과 5일이 지난 후에는 그 신경망이 굳어져 뇌에 변화가 생긴 것이다. 이렇게 상상으로 두뇌가 활성화되면 그 영역에는 시냅스가 형성되어 서로 정보를 주고받는 일종의 길이 만들어진다. 그리고 이러한 상상이 자주 일어나면 시냅스가 강화되어 돌다리가 콘크리트 다리가 되는 것처럼 단단한 길이 형성되게 된다—감수자 주).

아침을 대하는 마음가짐도 마찬가지다. '아침잠이 많아서 난 못하겠다'라거나 '어차피 나한테는 불가능한 일이야'라는 식으로 단정 짓지 말고 '바꿀 수 있다'는 용기를 가지고 한 걸음 내딛자. 실패하거나 일을 망친다면 몇 번이고 다시 하면 된다. 뇌의 변화는 수차례 시행착오를 겪으면서 몸부림쳐야 이루어낼 수 있는 법이다.

제3장

피곤한 아침을 개운하게 바꾸는
뇌과학적 숙면 관리법

BRAIN & MORNING

성공한 사람들은
모두 일찍 잠들었다

아침 시간을 효율적으로 활용하려면 우선 일찍 일어나야 한다. 그리고 그것은 전날 저녁부터 잠들기 전까지 무엇을 하느냐와 깊은 관련이 있다. 많은 사람들, 특히 직장인들이 아침에 일찍 일어나는 것을 힘들어 한다. 그들이 아침형 인간이 되기 힘든 주된 이유는 간단하다. 잠자리에 늦게 들기 때문이다.

사회인으로서 하루를 되돌아보면 자신이 얼마나 밤을 중심으로 생활하는지 깨닫게 될 것이다. 야근을 하거나 교육이나 세미나 참석 등으로 귀가가 늦어져 자정이 넘어서야 잠자리에

드는 직장인들이 부지기수다.

수면의 양도 질도 떨어지니 피로가 누적되는 건 당연한 이치다. 매일 지각을 면치 못하면서도 '10분만 더, 5분만 더……' 하며 아슬아슬한 시간까지 자는 사람들도 많다. 이래서는 아침형 인간이 되고 싶어도 현실적으로 불가능하다. 올빼미형으로 살아온 사람에게 일찍 일어나기란 도무지 넘어서기 버거운 터무니없이 높은 장벽과도 같다.

그러나 수면의 메커니즘과 질 높은 수면을 위한 습관이 무엇인지 알게 된다면 부정적인 생각도 조금은 달라질 것이다. 먼저, 수면 시간은 항상 일정하게 유지되지 않으며 계절에 따라 길이가 달라진다. 일출 시각이나 낮 길이의 영향을 받기 때문이다. 일례로 수면 시간은 1년 중 겨울에 가장 길고 여름에 가장 짧다. 겨울에 따뜻한 이불에서 나오기 싫어 뒤척이거나 여름에 일찍 눈이 떠진 경험은 누구나 해보았을 것이다. 이처럼 수면 시간은 계절이나 일조량의 변화에 영향을 받으므로 일찍 일어나는 습관을 들이는 것이 생각만큼 쉽지 않다. 하지만 몇 가지 요령을 익히면 힘들이지 않고 일찍 일어나는 습관을 들일 수 있다. 그 요령에 대해서 제4장 전체에 걸쳐 이야기해보려고 한다.

성공을 거둔 유명 창업자, 현재 현장 일선에서 활약 중인 기업가들은 모두 입을 모아 '일찍 일어나는 것이 성공의 첫걸음'이라고 말한다. 그들은 누구보다도 바쁘게 살면서도 일찍 일어나 자기만의 아침 시간을 확보하고 언제나 능력의 최대치를 발휘한다. 어떤 분야에서든 매일 꾸준히 쌓은 사소한 노력은 언젠가 큰 힘을 발휘해 누구나 경탄할 만한 성과로서 모습을 드러내기 마련이다.

일본을 대표하는 문예 평론가 고바야시 히데오 역시 아침형 인간이었다. 그는 이른 아침부터 부지런히 원고를 썼고 오전 중에 거의 모든 일을 마쳤다. 오후에는 사람들을 만나러 다녔는데 아무리 중요한 모임이 있어도 다음 날 아침을 위해 일찍 귀가해 잠자리에 들었다. 작가로 대성한 사람들 역시 대부분 아침형 인간이 많다. 유명한 이야기라 많이들 알겠지만, 꾸준히 베스트셀러를 세상에 내놓는 무라카미 하루키가 바로 그 대표적 인물이다.

나는 직업상 다양한 분야에서 성공한 사람을 만날 기회가 많은데, 이들의 이야기를 들어보면 대부분이 아침형 인간이다. 이들은 머리가 맑은 아침에 업무 준비는 물론, 그 밖의 여러 가지 중요한 일을 결정하기도 한다. 이들은 누구나 할 수 있는 간단한 일을 매일 꾸준히 실천해 눈부신 지위와 명예를 손에 쥐었다. 그 간단한 일이란 바로 '일찍 일어나기'다. 두뇌가 팔팔한 아침의 골든타임을 능숙하게 활용해온 덕분에 누구도 따라올 수 없는 성과를 거둔 셈이다.

　반면에 주변의 올빼미형을 살펴보면, 수면이 부족한 탓에 자율신경이 불안정해 몸과 마음의 균형이 흐트러져 있고 무언가를 결정하고 행동할 때도 주변 상황에 휘둘리는 사람이 많다(저자는 아침형 인간을 예찬하는 입장에서 글을 썼지만 통계적으로 볼 때 아침형 인간 유전자를 타고난 사람이 전체의 40퍼센트, 저녁형 인간 유전자를 타고난 사람이 30퍼센트를 차지하고 나머지 30퍼센트는 상황에 따라 달라진다고 한다. 이 세상은 편의상 아침형 인간에 맞추어 세팅되어 있는데 저녁형 인간의 경우 아침형 인간에 비해 일주기 리듬이 서너 시간 늦어지므로 아침에도 두뇌 기능이 정상으로 돌아오지 않는다. 잠에서 깨어난 이후에도 한동안은 두뇌가 '오프' 상태로 남아 있다. 이로 인해 정신이 멍하고 자율신경이 불안정해지는 것이다―감수자 주). 오해가 없도록 덧붙이자면, 올빼미형이 무조건 나쁘다고 폄훼하려는 게 아니다. 다만 직장에서의 업무에나 공부할 때의 '뇌의 효율성'을 고려한다면 아침형 인간이 더 유리하다고 말하고 싶다.

이제껏 올빼미형으로 살아온 사람이 갑자기 아침형 인간으로 변신하기란 무척 어렵다. 그렇다면 그 전 단계에 해당하는 '전날 밤'을 어떻게 보내면 좋을지에 대해 알아보고 하나씩이라도 괜찮으니 조금씩 습관을 바꿔가자.

하루 24시간은 누구에게나 공평하게 주어진다. 아침형 인간이 되면 이제껏 갖지 못한 오롯이 나만을 위한 시간을 가질 수 있다. 이는 곧 뇌와 마음 모두가 행복을 느끼는 시간을 확보하는 일이기도 하다.

잃어버린 아침을 되찾는
잠들기 전 1시간 습관

일을 잘하는 사람은 아침을 그 어떤 시간대보다도 귀중하게 여긴다. 그리고 공통적으로 전날 저녁부터 밤에 잠들기 전까지를 어떻게 보내야 할지 잘 안다. 즉 아침 시간을 효율적으로 활용하기 위해 취침 전까지의 시간을 어떻게 보내야 하고 아침을 위해 무엇을 준비해야 하는지를 중요하게 여긴다.

어떤 사람은 밤이 될수록 활력이 넘치기도 하는데, 그런 상태가 되면 의욕에 불이 붙어 일이 술술 되기도 하므로 늦은 시간에 일하는 것이 무조건 나쁘다고 말하지는 않겠다. 하지만 저녁에 꼼꼼하고 정확성을 요하는 일을 하기는 어렵다. 다른 무엇보다도 밤이 되면 뇌와 몸의 피로가 극에 달하므로 속도전에서는 뒤처질 수밖에 없다.

일을 잘하는 사람은 피로로 녹초가 된 밤이 아니라 뇌와 몸이 유연한 상태에 있는 아침에 의욕을 최대치까지 끌어올린다. 그러기 위해 밤늦게까지 무리하게 야근하기보다는 일을 적당히 마무리하고 다음 날 아침 일찍 일어날 준비를 한다.

여기서 말하는 '다음 날 아침 일찍 일어날 준비'란 온종일 일하느라 지친 뇌와 몸에 '충분한 수면'이라는 휴식을 선사해 다음 날 다시 유연한 상태에서 일하기 위한 '잘 준비'라고도 말할 수 있다.

아침부터 두뇌 회전을 빠르게 해서 일 처리 속도를 높이려면 잠자리에 들기 전까지 다음 날 아침을 위한 준비를 제대로 해둬야 한다. 실제로 나는 침대에 누우면 1분 만에 잠이 든다. 이 정도로 빨리 잠드는 이유는 뇌의 작동 원리를 파악하고 있기 때문이다. 인간은 깨어 있는 동안 눈, 귀, 코 등으로 느끼는 오감을 통해 다양한 정보를 얻는다. 그리고 그렇게 얻은 정보를 처리하느라 쉬지 않고 풀가동된다.

하지만 1년 내내 열려 있는 24시간 편의점처럼 한 번도 쉬지 않고 뇌를 가동하면 뇌도 피로를 느끼고 그에 따른 스트레스에 시달린다. 따라서 뇌에도 잠깐 쉬어가는 관리의 시간이 필요하다. 뇌가 휴식을 취할 수 있는 시간은 잠잘 때뿐인데, 엄밀히 말하면 수면 중에도 뇌 전체가 온전히 쉬지는 않는다(자세한 내용은 106~108쪽 참고).

뇌의 '휴식 시간'이라고도 할 수 있는 수면 시간을 쾌적하게 보내려면 자기 전에 몸과 마음의 긴장을 풀어야 한다. 아로마테라피를 즐기거나 허브티를 마시거나 마음이 평온해지는 음악을 듣거나 즐겨 보는 잡지나 사진집을 훑거나 식물을 가꾸는 등 긴장을 푸는 방법은 사람마다 다양하니 자신이 원하는 방향으로 긴장을 풀면 된다.

무엇보다도 지친 자신의 감정을 치유할 수 있어야 한다. 다만 방법 자체에 지나치게 집착하거나 과정이 너무 복잡하면 오히려 역효과가 날 수 있으니 주의하자. 쾌적한 잠자리를 위해 당장 오늘부터 간단히 실천할 수 있는 방법을 소개하겠다.

- 섭씨 38~39도 정도의 따뜻한 물에 느긋하게 몸을 담근다.
- 스트레칭이나 요가 같은 가벼운 운동으로 하루의 긴장을 푼다.

이 과정을 잠들기 1시간 전까지는 모두 마치자. 자기 직전에 하면 교감신경이 흥분해 오히려 잠이 잘 오지 않기 때문이다. 그 밖에도 취침 직전에 몇 가지 피해야 할 것이 있다. 일단 TV를 보거나 인터넷 또는 게임을 하지 말자. 이러한 매체들도 뇌를 자극해서 교감신경이 과도하게 흥분한다. 뇌는 한번 활성화되면 TV나 인터넷을 꺼도 바로 휴식 상태로 돌아오지 못한다. 흥분 상태가 지속되므로 좀처럼 잠들지 못하고, 설령 잠든다 해도 얕은 수면만을 취하게 된다.

마찬가지로 스마트폰으로 영상을 보거나 메시지를 주고받는 것도 최대한 삼가는 편이 좋다(TV나 형광등에서 발산되는 인공조명은 수면 호르몬인 멜라토닌의 분비를 50퍼센트까지 줄인다. 노트북이나 스마트폰, 태블릿 화면에 쓰이는 청색 LED는 백열전구의 따뜻하고 노란 빛보다 두 배나 더 멜라토닌을 억제하는 등 해로운 영향을 미친다. 그러므로 잠들기 전에는 침실을 어둡게 하고 전자기기를 치우는 것이 좋다—감수자 주). 스릴러나 공포 영화, 처음 읽는 추리 소설이나 만화책 등도 잠을 방해하는 요인이 될 수 있다. 나는 잠자기 전에 절대 처음 보는 책은 읽지 않는다. 새로운 책을 읽기 시작하면 재미를 느낀 뇌가 각성 상태에 들어서면서 잠도 깨기 때문이다. 사람들과의 만남도 특히 처음 만나

잠자리에 들기 1시간 전에 하면 좋은 일

38~39℃ 정도의 따뜻한 물에
느긋하게 몸을 담근다

스트레칭이나 요가로 긴장을 푼다

잠자리에 들기 전에 하지 말아야 할 일

TV 시청·영화 감상

처음 보는 책 읽기

인터넷·게임·휴대폰

는 사람이라면 가능한 저녁 이후 시간은 피해서 약속을 잡는다. 밤에 처음 보는 책을 읽지 않는 것과 마찬가지 이유로, 누군가를 처음 만나면 재미있고 즐거워서 뇌가 깨어버리기 때문이다.

오해가 없도록 덧붙이자면, 일찍 일어나기 위해 밤에 절대 책을 읽으면 안 된다거나 누군가를 절대 만나지 말라는 뜻은 아니다. 고민이 있거나 스트레스가 쌓였을 때 책을 읽으며 힐링을 하거나, 친구나 연인과 만나 술잔을 기울이면서 스트레스를 푸는 경우도 많다. 중요한 것은 숙면을 위해 긴장을 풀고 몸과 마음을 편안하게 만들어야 한다는 점이다. 나도 가끔은 스트레스를 받는다. 그럴 때는 밤에 잘 자기 위해 고민이나 안 좋은 일을 잊으려고 노력한다.

나는 이것을 '잊기 위한 의식'이라고 부른다. 다음 날 상쾌한 아침을 맞이하기 위해 자기 전에 습관적으로 이러한 행동들을 실천하면서 최대한 안 좋은 일은 잊고 즐거운 기분을 유지하려고 애쓴다. 그러면 점점 불쾌한 기분에서 벗어나 말끔한 기분으로 잠자리에 들 수 있다.

'오늘의 기분 좋은 일'
세 가지를 떠올리자

살면서 일이나 인간관계에 대한 고민은 끝나지 않는다. 이런저런 고민에 시달리느라 좀처럼 기분 좋게 잠들지 못하는 사람도 많다. 좋게 말하면 착실하지만, 어떻게 보면 잔걱정이 많은 성격이라고도 할 수 있다.

하지만 세상 일 중에는 아무리 걱정해봤자 나의 의지로 바꿀수 없는 일도 있다. 언제까지나 부정적인 감정에 사로잡혀 있기보다는 상황을 최대한 낙관적으로 받아들이자. 푹 자고 다음 날 개운하게 일어나는 편이 뇌와 몸 건강에도 좋을 것이다. 하지만 머리로 아는 것과 실천이 별개이듯 이제껏 그렇게 살아온 성격을 갑자기 바꾸기란 쉽지 않다. 그런 사람에게 도움이 될 만한 마음을 가라앉히는 방법에 관해 이야기해보려 한다.

스트레스가 쌓이면 기분이 가라앉아 아무래도 매사를 비관적으로 받아들이기 십상이다. 부정적인 감정을 안은 채로 잠들면 아침에도 일어나기 힘들고 온종일 우울한 기분에 휩싸인다. 머리에 가득 들어찬 잔걱정은 위기관리라는 측면에서 보면 도움이 될 수도 있지만, 상쾌하게 아침을 맞이하고 싶다면 어떻게 해서든 피해야 할 요소다.

이런 성향의 사람들은 일에 쫓기는 경우가 많으며 그날 있었던 즐거운 일이나 기쁜 일은 쉽게 잊는다. 반대로 성가신 일이나 실수한 일, 기분 나쁜 일들은 계속 머릿속에서 곱씹느라 더 잠들지 못한다. 이런 사람들은 자기 전에 그날의 기분 좋았던 일이나 기뻤던 일 등 긍정적인 감정을 느끼게 하는 일을 최소 세 가지 이상 떠올리는 연습을 해보자.

'아침 출근 시간 전철에서 운 좋게 자리에 앉았다', '자판기에서 음료를 뽑았는데 하나가 더 나왔다', '점심으로 먹은 햄버그스테이크가 무척 맛있었다', '세대 차이가 나는 부하 직원과 모처럼 말이 잘 통했다', '편의점 직원이 밝게 인사해줬다'와 같이

기분 좋은 일을 떠올리면 상쾌한 아침을 맞이할 수 있다

아주 사소한 것이라도 상관없으니 기분이 좋아질 만한 일을 하나라도 더 떠올려보자.

자기 전에 이와 같은 습관을 들이면 푹 잘 수 있을 뿐 아니라 이튿날 아침에도 개운하게 일어나 적극적인 마음으로 하루를 시작할 수 있다.

잠의 질을 좌우하는
빛과 온도의 긴밀한 관계

상쾌하게 아침을 맞이하려면 잠을 충분히 자야 한다. 몸은 깨어 있을 때도 눕거나 안정을 취하면 쉬게 할 수 있지만 뇌는 그렇지 않다. 뇌는 반드시 잠을 자야만 쉴 수 있다.

그렇다고 해서 무조건 오래 자는 것만이 능사는 아니다. 단시간이라도 깊게 질 좋은 잠을 자는 것이 더 중요하다. 숙면으로 뇌를 편히 쉬게 해야 개운하게 아침을 맞이할 수 있다.

여기서 잠시 뇌와 수면의 메커니즘을 바탕으로 깊고 질 좋은 수면이란 무엇인지에 대해 살펴보자. 뇌는 아침에 깨어나서 밤에 잠들 때까지 잠시도 쉬지 않고 계속해서 복잡한 정보를 처리한다. 그런 뇌에 피로나 스트레스가 쌓이면 집중력과 판단력이 흐려져 순식간에 활동 능력도 저하된다. 아침 시간대, 다시 말해 두뇌의 골든타임을 최상의 컨디션으로 맞이하려면 깊고 질 좋은 수면을 취해 뇌를 충분히 관리하는 것이 중요하다.

사실 뇌에는 '자는 뇌'와 '잠들지 않는 뇌'가 존재한다. 전자는 사고思考에 관여하는 '대뇌'(신피질)이며 후자는 사이뇌, 중간뇌 등이 속한 '뇌줄기'(구피질)다. 후자인 뇌줄기에는 수면과 각성을 조절하는 부분이 존재한다. 즉 뇌 전체가 잠을 자는 것이 아니라 엄밀히 말하자면 뇌의 일부인 대뇌겉질이 잠을 필요로 한다.

깊고 질 좋은 잠을 자려면 실내 온도는 섭씨 25도, 습도 50퍼센트 정도가 가장 이상적이다(숙면에 이상적인 실내 온도에 대해서는 논의의 여지가 있다. 세계적인 신경 과학자이자 수면 전문가 매슈 워커Mattew walker는 《우리는 왜 잠을 자야 할까》라는 책에서 최적의 취침온도는 섭씨 18.3도라고 주장한다. 18.3도라고 하면 쌀쌀한 가을 날씨 정도가 되는데 잠을 자기엔 다소 춥지 않은가 하는 의문이 들 수도 있다. 그러나 더운 것보다는 다소 추운 것이 숙면에 유리하다. 덥거나 뜨거운 실내 온도는 체온이 떨어지는 것을 방해하며 숙면을 저해하는 요인이 된다. 그래서 겨울철에 많이 사용하는 전기장판도 숙면의 측면에서는 그리 좋은 수단이 아니다―감수자 주). 한겨울 추위나 여름 열대야 등으로 잠을 설치기 십상일 때는 공기조절장치 등을 이용해 침실의 온도와 습도를 조절하자.

빛이 완전히 차단되는 암막커튼을 쓰기보다는 아침이 되면 침실로 아침 햇살이 자연스럽게 들어오게 하는 것도 좋다. 절전을 지나치게 신경 쓰기보다는 질 좋은 수면을 취해 상쾌한 아침을 맞이하는 것이 중요하다. 그래야 뇌가 활력을 되찾아 능력의 최대치를 발휘할 수 있기 때문이다.

저녁 식사는 잠들기
3시간 전에 마친다

매일 같은 시간에 균형 잡힌 식사를 하는 것은 뇌과학적으로는 물론이며, 상쾌한 아침과 질 좋은 수면을 위해서도 매우 중요하다.

일반적으로 저녁 식사는 잠자리에 들기 2~3시간 전에 마치는 편이 가장 좋다. 야식은 최대한 삼가자. 자기 직전에 식사를 하면 소화를 위해 위가 활동하면서 뇌도 흥분해 잠을 설치기 때문이다. 게다가 야식은 비만의 원인이기도 하다. 요즘 문제시되는 대사증후군metabolic syndrome(신진대사와 관련한 각종 성인

병이 복부비만과 함께 동시다발적으로 나타나는 상태—옮긴이 주)
도 비만에서 비롯한다.

반대로 지나치게 공복인 경우에도 혈액이 뇌로 몰리면서 각
성 상태가 되므로 수면을 방해한다. 하지만 매일 밤늦게까지
일에 쫓기다 보면 이러한 사실을 알아도 어쩌지 못하고 답답한
마음만을 안고 사는 직장인도 많을 것이다.

도저히 시간이 맞지 않아 밤늦게 밥을 먹어야 하는 상황이라
면 임의로 식사 시간대를 조절하는 방법도 있다. 예를 들면 임
시로 저녁 6~7시쯤에 저녁밥을 먹는 것도 효과적이다. 편의점
이나 슈퍼마켓에서 간단히 살 수 있으면서도 영양소가 골고루
들어 있는 먹거리를 골라보자.

때로는 임시 저녁밥을 먹을 시간조차 없을 수도 있다. 그럴
때는 늦어도 잠자리에 들기 30분 전까지 죽이나 물에 만 밥과
같이 비교적 소화가 잘 되는 음식을 먹자. 컵라면 같은 레토르
트 식품, 튀김이나 크로켓 같은 기름지고 자극적인 음식은 삼
가는 편이 현명하다.

식사할 때뿐 아니라, 잠들기 전에도 수분 보충에는 신경 쓰
자. 대부분 알고 있겠지만 카페인이 든 커피는 숙면에 좋지 않
다. 그 밖에 홍차를 비롯한 차 종류도 뇌신경을 깨운다. 자기 전

에 마시면 잠을 설치거나 수면의 질이 낮아지므로 되도록 마시지 말자(카페인 음료의 경우 아데노신이 신경세포에 결합하는 것을 방해하여 졸음을 쫓는 역할을 한다. 카페인은 커피나 홍차뿐 아니라 에너지 음료, 다크 초콜릿이나 아이스크림, 살 빼는 약, 진통제 등에도 들어 있다. 디카페인 커피에도 보통 커피의 15~30퍼센트에 달하는 카페인이 들어 있다. 카페인은 간 속의 효소를 통해 몸에서 분해되는데 반감기가 평균 5~7시간이다. 따라서 저녁 늦게 카페인이 든 음료를 섭취하면 잠자리에 들었을 때 여전히 몸 안에 반 이상의 카페인이 남아 있어 깊게 잠을 잘 수 없다―감수자 주).

수분 보충이 필요할 때는 물 한 잔 정도가 가장 좋다. 물을 마시면 건강에도 도움이 될 뿐 아니라 기분 좋게 푹 잠들 수 있다. 조금 스트레스가 쌓인 날이라면 따뜻하게 데운 우유 한 잔이 도움이 된다. 우유가 멜라토닌의 분비를 활발하게 해 다음 날 아침 개운하게 일어날 수 있다.

자기 전 술 한잔,
숙면을 방해하는 최대의 적

자기 전에 술을 한잔씩 마시면 잠이 잘 온다는 말을 들어본 적이 있을 것이다. 실제로 푹 자려고 일부러 술을 마시는 사람도 많다. 하지만 그것은 속임수에 지나지 않는다. 술이 잠이 오게 하는 건 맞지만 뇌의 피로는 오히려 가중시킬 수 있다. 잠이 오지 않는다고 해서 술을 마시는 건 그리 바람직한 일이 아니다.

알코올을 섭취하면 잠이 잘 오기는 한다. 하지만 그것은 뇌신경의 긴장이 완화되어 생기는 현상일 뿐 오히려 수면의 질은 무척 떨어진다. 자기 전에 매일같이 술을 마시면 수면 촉진 효과가 낮아져 이전과 같은 효과를 얻기 위해 점점 더 많은 양의 알코올을 찾게 될 위험도 있다. 즉, 이러한 습관을 방치하면 알코올의존증에 걸릴 위험이 크다.

만취한 상태로 잠들면 깊은 잠(논렘수면)에 빠진 듯한 기분이 들 수는 있는데 이는 알코올 때문에 몸이 일시적으로 '마비'되어서 느끼는 기분일 뿐 실제로는 얕은 잠(렘수면)을 자는 상태다. 뇌와 몸에 쌓인 피로는 당연히 풀리지 않는다(알코올이 몸속으로 들어오면 뇌에서 깊은 잠을 유도하는 부위가 활성화되는데 이때 가바GABA라는 신경전달물질이 분비된다. 가바는 잠을 자는 동안 몸이 움직이지 않도록 근육을 이완시키고 진정시키는 역할을 한다. 술로 인해 뇌가 자극되고 가바가 분비되면 신체활동이 억제되면서 잠이 오게 되는 것이다. 그런데 술을 마시고 6시간쯤 지나면 알코올이 분해되는데 이때 각성 작용도 함께 나타난다. 알코올이 분해되면서 피로물질이 해소되기 전에 잠이 깨는 것이다. 그래서 잠을 자도 잔 것 같지 않은 상태를 만든다—감수자 주).

다들 이런 경험이 있을 것이다. 술을 잔뜩 마시고 잠들었다가 화장실에 가고 싶어서 중간에 깼는데 그 이후로 정신이 말똥말똥해져서 쭉 잠들지 못하고 이튿날에도 아침부터 숙취로 고생하다가 최악의 하루를 보낸 경험 말이다.

자기 전 술 한잔, 담배 한 대가 숙면을 방해한다

자기 전 매일같이 술을 마시면 알코올의존증에 걸릴 위험이 크다!

뇌신경을 각성 상태로 이끄는 행위는 숙면을 방해한다!

다음 날, 두뇌 능력과 활력도 DOWN

이처럼 술을 마시고 잠들면 수면이 얕아져 한밤중에 눈이 떠진 뒤로 아예 잠이 오지 않는 '조조 각성' 상태가 일어나기 쉽다. 체내 알코올을 분해하느라 간의 활동량이 증가하면 이뇨 작용이 활발해진다. 그러면 한밤중에 목이 마르거나 화장실에 가고 싶어져 잠이 깨므로 수면의 질도 현저하게 낮아진다.

제아무리 일찍 자고 일찍 일어나도 수면의 질이 낮으면 잠이 부족할 때와 매한가지라 두뇌의 능력을 최대로 이끌어낼 수 없다. 알코올에 의존해서 쾌적한 수면을 바라는 것은 결코 바람직하지 않다. 알코올의존증으로 발전하기 전에 자기 전에 술을 마시는 습관에서 벗어나는 편이 좋다.

음주 자체가 절대적으로 나쁘다는 의미는 아니다. 한두 잔의 음주는 좋은 콜레스테롤의 수치를 높이고 심장병과 뇌졸중을 예방하는 데 도움이 된다는 연구 결과도 있다. 하지만 적당량을 마셔야 한다는 사실만큼은 꼭 기억하자.

음주와 마찬가지로 취침 전 흡연도 숙면을 방해하니 주의하자. 담배를 피우고 몇 초가 지나면 니코틴이 뇌에 도달해 뇌신경이 각성 상태에 접어든다. 그러니 잠들기 1~2시간 전에는 흡연을 하지 않는 것이 현명하다.

수면 시간 확보를
1순위에 두자

대부분의 사람들이 아침형 인간이 되기 힘들어하는 가장 큰 이유는 양질의 수면 시간을 충분히 확보하지 못하기 때문일 것이다. 그런 사람들의 대부분이 상쾌한 아침을 맞이하는 데 필요한 이상적인 수면 시간보다 훨씬 적게 잔다. 물론 적게 잘 수밖에 없는 다음과 같은 어쩔 수 없는 이유들이 있기는 하다.

- 처리해야 하는 일이 산더미처럼 쌓여서 밤늦게까지 야근을 해야 한다.

- 고객 접대나 회식 등으로 막차로 귀가하는 날이 태반이다.

반면 취미 생활을 비롯해 업무 외에 하고 싶은 일을 하느라 수면 시간이 부족한 경우도 있다.

- 취미 생활에 빠져 정신을 차리고 보니 한밤중이었다.
- 유튜브를 보거나 SNS를 하느라 잠을 못 잤다.
- 인터넷 게임을 하다 보니 어느새 날이 밝았다.

이유가 무엇이든지 간에, 푹 자지 못하면 몸과 마음의 건강을 유지할 수 없다. 개운하게 일어나지 못하는 나날이 계속되면 당연히 일 처리 효율도 떨어질 것이다.

자신이 밤 시간을 어떻게 보내는지 객관적으로 한번 되돌아보자. 충분한 수면 시간을 갖지 못하는 이유를 찾다 보면 자기전에 해야 할 일과 하지 않아도 될 일을 명확하게 구분할 수 있다. 그것들을 잘 정리하고 우선순위를 매긴다면 수면 시간을 조금 더 늘릴 수 있을 것이다. 충분한 수면 시간을 확보하는 게 1순위고 일이나 취미 생활은 그다음이다. 즉 중요도가 낮은 일을 뒤로 미뤄서 잠자는 시간을 확보해야 한다.

중요한 일에 우선순위를 매겨 양질의 수면 시간을 확보하자!

반드시 해야 하는 일

- 담당 업무
- 고객 접대
- 상사·부하직원과의 친목 도모

…등등

나중에 해도 상관없는 일

- 웹 서핑
- 블로그
- SNS
- 게임
- 취미 생활

…등등

마감 시간이 정해져 있어서 오늘밤에 끝내지 않으면 절대 안되는 그런 업무는 어쩔 수 없지만, 취미 생활이나 단순히 즐기기 위해 하는 일 하나둘쯤은 뒤로 미뤄도 크게 문제 될 일은 없다. 그래도 너무 하고 싶다면 그런 일이야말로 아침에 하는 것도 하나의 방법이다. 상쾌하게 아침을 맞이해 두뇌에 의욕을 불어 넣고 하루 종일 자신의 능력을 최대로 발휘하고 싶다면 취침 전 습관을 반드시 점검해야 한다.

　　지금 해야 할 일이 무엇인지 우선순위를 파악해서 착착 정리한 다음 나중에 해도 상관없는 일은 언제 하면 좋을지 계획을 세우자. 아침 시간을 효율적으로 활용하려면 때에 따라서는 이처럼 칼 같은 행동력도 필요하다.

뇌의 장점을 최대한 살리는
아침 시간 사용법

BRAIN & MORNING

아침 시간의 '가성비'를
최대로 높이는 법

하루 24시간은 누구에게나 공평하게 주어진다. 공평하게 주어
진 시간을 스스로 얼마나 노련하게 관리하느냐에 따라 일이나
공부의 성과뿐 아니라 삶의 여유까지도 크게 달라진다. '일이
잘 풀리지 않는다', '공부에 진척이 없다', '생활에 여유가 없다'
라고 고민하는 사람의 대다수는 '시간'이라는 한정된 자원을
효율적으로 배분해서 쓸 줄 모르는 경우가 많다. 시간의 경제
적 가치에 대한 감각, 이른바 코스트 감각이 현저하게 낮기 때
문이다. 미국의 정치가 벤저민 프랭클린Benjamin Franklin이 한 그

유명한 '시간이 곧 돈이다'라는 말도 있지 않은가? 이처럼 시간에 대한 경제 감각을 길러두어야 아침부터 두뇌의 능력을 최대로 이끌어낼 수 있다.

이제까지 나는 '아침은 새로운 일이나 그동안 하지 못했던 일을 도전하기에 가장 적절한 시간'이라고 말했다. 아침에는 그 누구의 방해도 받지 않고 자신이 하고 싶은 일을 즐기면서 몰입할 수 있기 때문이다. 하지만 시간에는 반드시 제한이 있다. 특히 직장이나 학교에 가야 한다면 아침은 분주하기 마련이라 아무리 머리를 굴려서 시간을 내봐도 2~3시간 정도가 최대치다.

시간에 대한 경제 감각을 제대로 갖춘 사람은 자투리 시간도 그냥 흘려보내지 않는다. 요즘 말로 하면, 가장 '가성비'를 잘 따진다고 해야 할까. 그들은 뇌가 가장 활발하게 움직이는 아침 시간에 명확한 목표와 계획을 세워 시간을 효율적으로 활용한다. 제한된 시간 내에 할 수 있는 일을 명확히 하고 그것을 달성하는 데 필요한 준비도 게을리하지 않는다.

반면 시간에 대한 경제 감각이 둔한 사람은 막연한 자세로 아침을 맞이하므로 아무런 소득 없이 그저 시간만 흘려보낸다. 이러한 자세는 이후의 일이나 공부에도 영향을 미친다. '의욕이 안 생겨', '아, 시시해', '내가 하고 싶은 일은 무엇일까?'와 같은 자문자답만을 반복한 끝에 부정적 사고에 빠지고 만다.

세상에서 성공했다고 일컬어지는 인물, 일이나 공부에서 뛰어난 성과를 거두는 사람을 가만히 들여다보자. 그들은 시간에 대한 경제 감각, 시간을 돈으로 치환하는 감각을 가지고 적극적으로 행동한다. 자신이 내건 목표와 능력의 한계에 끊임없이 도전하고 그것을 뛰어넘었을 때 찾아오는 쾌감을 느끼면서 인생을 만끽한다.

'시간을 돈으로 환산하는 감각을 기르자'는 말이 말처럼 쉽지만은 않다. 하루 일정표를 다시 짜고 몸에 밴 생활의 리듬을 바꾸는 일이기 때문이다. 자신 이외에 다른 사람도 얽혀 있고, 일이나 공부의 내용에 따라서는 혼자만의 힘으로 통제할 수 없는 경우도 많다.

그러니 우선은 아무에게도 방해받지 않는 아침 시간을 평소에 어떻게 사용하고 있는지 재검토하는 단계부터 시작해보자. 아침 시간에 대한 경제 감각을 기르면 점차 하루를 관리하는 능력도 길러진다. 결과적으로 매사에 적극적으로 임할 수 있게 될 것이다.

'워라밸'의 첫걸음,
아침 시간을 사수하라

일은 세상을 살아가는 데 꼭 필요한 돈을 마련하는 행위이자 의식주를 지탱하는 중요한 요소다. 삶을 풍요롭게 만들고 행복한 인생을 살게 해주는 양식이기도 하다. 하지만 최근 벌어지고 있는 문제는 우리가 일을 너무 '많이' 한다는 데 있다.

오늘날은 '디지털 유목민'이라는 말이 보여주듯이 좋든 나쁘든 하려고만 하면 시간과 장소에 구애받지 않고 언제 어디서든 일할 수 있는 시대다. 대부분의 직장인들이 오전 9시부터 오후 6시까지 회사에서 구속되어 일한다. 그뿐 아니라 야근이나 휴일 근무도 적지 않고, 휴가를 쓰는 것도 눈치를 봐야 한다. 설령 6시에 퇴근을 한다고 해도 각종 디지털 기기 덕분에 휴식을 방해받는 것은 물론 퇴근 후 집에서 일해야 하는 상황에 놓이기도 한다. 이와 같은 이유로 일과 삶의 균형을 위협받는 직장인이 적지 않은 실정이다. '먹고살려면 어쩔 수 없다'가 오늘날 바쁘게 살아가는 현대인들의 속내일 것이다.

요즘 각종 미디어에서 '워크 앤드 라이프 밸런스'Work and Life Balance(워라밸)라는 말을 심심찮게 들을 수 있다. 직역하면 '일과 삶의 균형'이라는 의미다. 일에만 치우치지 말고 가정이나 자신이 속한 커뮤니티 등에서 보내는 여가 시간도 중요하다는, 일과 개인적 삶의 균형을 맞추려는 사고방식이 반영된 표현이다.

하지만 이러한 '균형 잡힌 생활'을 누릴 수 있는 직장인이 과연 얼마나 있을까? 현실적으로 그런 사람들은 많지 않다. 물론 예전에 비하면 많이 나아지긴 했지만 진정한 밸런스를 위해서는 아직 사회가 나아가야 할 길이 멀다.

그런 이유로, 나는 아침 시간을 당신의 삶을 바꿀 기회의 시간으로 삼으라고 권하고 싶다. 저녁 시간이 자유롭지 않을수록 아침 시간을 제대로 활용해야 한다. 아무에게도 방해받거나 구속당하지 않는 자유로운 시간대인 아침 시간을 자신이 좋아하는 일이나 도전하고 싶은 일에 투자하자. 이 시간을 가족과 함께 보내는 것도 좋은 방법이다.

워라밸은 무척 중요하다. 퇴근이 정말 퇴근이 되고, 저녁 시간을 온전히 나를 위한 시간으로만 쓸 수 있다면 이보다 더 좋을 수는 없을 것이다. 하지만 사회의 변화는 개인의 변화에 비하면 한참이나 느리다. 그것이 현실적으로 힘든 상황이라면 아침 시간을 통해 나만의 삶의 균형을 맞춰보는 것도 한 방법이다.

무조건 '불가능하다', '힘들다'라는 말로 포기하지 말고 얼마 되지 않는 자투리 시간이라도 의미 있는 시간으로 만들어 일과 삶의 균형을 유지하는 방편으로 만들어보자. 그러한 삶의 자세가 풍요롭고 행복한 인생을 가져다줄 것이다.

세계적 기업 구글의
'20퍼센트 룰'이 주는 교훈

언제나 별 어려움 없이 목표를 이루는 사람이 있는 반면, 어째서인지 매번 목표를 이루지 못한 채로 끝나는 사람이 있다. 두 사람은 능력이나 의욕 면에서 큰 차이가 없다. 그런데도 성과 면에서는 '하늘과 땅 차이'가 난다. 이유가 무엇일까?

애초에 설정한 목표와 그것을 달성하기 위해 세운 구체적 계획 자체가 문제였을 가능성이 크다. '격에 맞다'는 말도 있듯이 목표도 자신의 능력에 맞게 설정해야 한다. 손쉽게 달성할 수 있는 낮은 목표를 세우라는 의미는 아니니 오해 없기 바란다.

오히려 목표가 너무 낮으면 성취감도 떨어지므로 뇌도 그다지 기쁨을 느끼지 못한다.

그렇다고 높은 목표가 꼭 좋은 것만은 아니다. 목표가 지나치게 높으면 뇌는 직감적으로 '달성할 수 없다'고 판단해 행동으로 옮길 의욕을 잃고 만다. 결국 기대한 성과를 얻지 못한 채 끝나면 성취감도 맛볼 수 없으므로 뇌 역시 기쁨을 느끼지 못한다. 그뿐만 아니라 '이번에도 또 실패했네', '역시 난 뭘 해도 안 돼' 같은 생각으로 행동하지 않으려 하는 부정의 악순환에 빠질 위험도 크다.

그런데 업무 관련 목표는 대부분 회사에서 정해준다. 그렇다 보니 자신의 의사와 상관없이 높은 목표를 부여받기도 한다. '산은 높을수록 오르는 보람이 있다'고들 하지만, 제대로 준비하지 않고 무작정 오르려다가 체력이 안 되어 도중에 하산한다면 무슨 소용이 있을까. 최악의 경우에는 크게 다칠 수도 있다.

목표를 달성하고 성과를 내려고 할 때도 마찬가지다. 구체적이고 제대로 된 계획을 세워서 행동으로 옮기는 것이 중요하다. 막연하게 전력을 다해 목표에 맞서서는 안 된다. 몸과 마음의 균형을 유지하고 어느 정도 여력을 남겨둔 상태에서 도전해야 얻을 수 있는 성과도 크다.

세계적 기업 구글에는 흥미로운 '20퍼센트 룰'이라는 제도가 있다. 엔지니어들에게 근무 시간 중 최대 20퍼센트를 개인적으로 관심 있는 프로젝트에 쓸 수 있게 한 제도다. 물론 CEO의 승인을 받아야 하지만 창조적인 인재로서 활약하도록 회사 차원에서 직원들에게 장려하는 제도다. 예를 들어 근무 시간이 8시간이라면 '60분×8시간×0.2(20퍼센트)=96분(1시간 36분)'은 현재 하고 있는 일 이외에 다른 일에 써도 상관없다. 오히려 그렇게 하지 않으면 할 수 있도록 회사 측에서 힘을 실어준다고 한다. 일반적인 기업에서는 생각조차 하기 어려운 획기적인 발상의 제도다.

이를 제안한 구글의 래리 페이지와 세르게이 브린이 이전에 이런 말을 한 적이 있다.

"목표는 직원이 80퍼센트 정도의 에너지를 써서 달성할 수 있는 수준으로 정한다. 그렇기에 남은 20퍼센트로 다른 일을 탐구할 수 있는 것이다."

구글에서 세계를 놀라게 한 혁신이 잇달아 일어나는 이유는 직원들에게 이처럼 마음의 여유를 가질 시간을 주었기 때문이 아닐까. 실제로 이 제도의 도입으로 지메일과 구글 어스 등이 탄생하게 되었다는 이야기는 매우 유명하다.

뇌과학적인 관점에서 봤을 때도 반드시 추천하고 싶은 제도다. 업무에 쫓기는 삶은 뇌와 몸에 결코 좋은 영향을 미칠 수 없기 때문이다. 일하는 시간을 조금 줄여서라도 몸과 마음에 여유를 주면 놀라울 만큼 업무의 질이 올라간다. 업무의 질이 올라가면 성과 역시 자연스럽게 따라올 것이다.

우선 지금은 두뇌의 활동 시간대를 '저녁'에서 '아침'으로 옮기고 주어진 일을 더 효율적으로 할 수 있도록 시간을 다시 배분하는 것부터 시작하자. 구글이 제시한 '20퍼센트'라는 숫자에 얽매일 필요는 없다. '하루에 20~30분' 같은 식으로 자신의 생활 패턴을 고려해 시간을 배분하자. 이러한 작은 변화가 하나씩 더해지면 점점 새로운 업무 처리 방식을 시도하거나 다른 사람과 만날 기회도 늘어난다. 이는 곧 혁신적인 발상과 획기적인 아이디어를 가능하게 하는 원동력이 되어줄 것이다.

구글의 20퍼센트 룰을 생활방식에 적용하는 일은 현재의 라이프스타일을 되돌아보고 바로잡기 위한 하나의 방편이다. 그와 동시에 아침부터 두뇌를 활성화해 업무의 질을 높이기 위한 비결이기도 하다.

순간 집중법으로
자투리 시간도 효율적으로!

아침 시간을 잘 관리하는 사람은 하루 중 얼마 되지 않는 자투리 시간까지도 효율적으로 활용할 줄 안다. 아침 시간을 관리하면서 얻은 노하우가 빛을 발하는 대목이 아닌가 싶다.

넓은 의미에서 보면 아침 시간도 자투리 시간 중 하나다. 하지만 아무리 해도 아침 시간을 제대로 만들기 어려운 사람도 있다. 그런 사람을 위해 아침 시간 외에 다른 자투리 시간을 어떻게 효율적으로 활용하면 좋을지 함께 살펴보자.

나는 어딘가로 이동할 때 될 수 있으면 걷는다. 이동 장소가

먼 거리라면 좋든 싫든 택시, 버스, 전철, 비행기 같은 교통수단을 이용할 수밖에 없는데 이때 나는 그 안에 있는 얼마 안 되는 시간도 허투루 보내지 않는다. 오히려 업무에 집중할 수 있는 절호의 기회로 여긴다.

보통 시내에서 택시로 이동하는 시간은 기껏해야 20~30분 정도다. 이 단시간 동안에도 집중해서 원고를 쓰거나 학생이 제출한 논문을 검토한다. 전철로 이동할 때도 마찬가지다. 이메일 답장을 쓰거나 학술 논문을 정리하는 등 다양한 일을 한다. 나 같은 경우에는 이런 얼마 안 되는 자투리 시간에 집중해서 일하는 게 책상에 가만히 앉아서 일할 때보다 훨씬 잘 되는 편이다.

누구나 이런 쓰라린 경험을 갖고 있다. 의욕으로 가득 차서 '지금부터 집중해서 일해야지!' 하고 마음먹은 지 1시간도 채 지나지 않아 집중력이 뚝 떨어져 딴생각에 빠진 적 말이다. 그 이후로는 생각만큼 일에 속도가 나지 않고 두뇌 회전도 잘 되지 않았을 것이다.

이러한 상황의 반복에서 벗어나기 위해서라도 이동 시간, 출퇴근 시간, 휴식 시간 같은 자투리 시간을 효율적으로 활용해 강제적으로 집중력을 기르는 훈련을 할 필요가 있다. 시간이

제한된 상황에서 일이나 공부를 할 때는 1분 1초가 소중하다. 일일이 주변을 정리하는 시간조차 아깝다. '좋아, 해보자!'라고 마음먹었다면 바로 실행에 옮기자.

집중력이 과연 훈련으로 길러질 수 있는지 의문을 가지는 사람도 있을 것이다. 이 글을 읽으며 누군가는 '애초에 그런 일이 가능했다면 왜 아직까지 이 고생을 하겠느냐'라며 투덜거릴지도 모른다. 그러나 '자투리 시간에는 집중이 안 된다'는 말은 선입견이자 변명일 뿐이다. 뇌과학자로서 분명히 말할 수 있는데, 집중력은 타고난 재능이 아니라 단련하면 누구나 가질 수 있는 능력이라는 사실이다. 집중력에 관여하는 신경 회로는 이마엽(전두엽) 부위에 있는데, 이 회로는 쓰면 쓸수록 단련된다. 마치 우리 몸의 근육과도 같다. 이러한 훈련을 몇 번이고 반복하다 보면 순간적으로 집중력을 발휘할 수 있게 되어 나중에는 스스로도 놀랄 만큼 큰 성과를 거두게 될 것이다. 인간의 뇌가 놀라운 점은 한계가 없다는 데 있다. 그렇기에 아무리 짧은 시간 동안이라도 집중해서 무언가를 매일 꾸준히 하면 커다란 성과를 이루어내는 일도 가능하다.

물론 처음 훈련을 할 때는 집중이 잘 되지 않아 짜증이 날 수도 있다. 첫술에 배부를 리 없고, 안 되던 일이 어느 날 갑자기

자투리 시간을 효율적으로 활용해 집중력을 강화하자!

틈틈이 집중력을 기르고 생각을 바로 실천에 옮기자!

136

되면 그게 더 이상하다. 처음의 시행착오는 누구나 겪는 일이다. 실패하더라도 포기하지 말고 끈질기게 계속해보자.

습관이 들면 하루 중 얼마 되지 않는 자투리 시간도 능수능란하게 활용할 수 있게 된다. 결과적으로 야근 시간도 줄이고 아침 시간도 확보할 수 있으니 두 배의 기쁨을 얻을 수 있을 것이다.

제한 시간을 두어
나 자신과 경쟁한다

매사에 목표한 만큼 성과를 거두지 못하는 사람은 대부분 스스로를 압박하는 일의 중요성을 잘 모르는 것 같다. 뇌는 언제나 새로운 변화와 자극을 바란다. 그리고 뛰어넘어야 할 장벽이 높으면 높을수록 그것을 극복해냈을 때 더 큰 쾌감을 얻는다.

우리 인간은 어쨌든 게으름을 피우려 드는 존재다. 하지만 그래서는 자기 성장을 이룰 수 없다. 뇌 역시 성장하지 않는다. 스스로 나서서 자신을 압박하고 그것을 극복해야 성공 경험을 쌓을 수 있다. 경험을 통해 성취의 쾌감을 느껴야 또다시 새로운 일에 도전할 의욕도 솟아난다. 그리고 이런 과정을 반복해야 뇌를 강화할 수 있다.

하지만 말하기는 쉬워도 실제 행동으로 옮기기는 쉽지 않다. 그럴 때는 스스로에게 시간적인 압박을 주는 것도 하나의 방법이다. 간단히 말하자면, 자신이 어떤 상황에서 무엇을 하든 그때마다 '제한 시간'을 설정하자. 그리고 이 방법의 가장 큰 전제 조건은 의욕이다.

제한 시간을 두는 주체는 어디까지나 자기 자신이어야 하며 타인이 강요해서는 안 된다는 점을 명심하자. 타인에게 강요받으면 의욕이 생기지 않기 때문이다. 다시 말해, 높은 장벽을 눈앞에 두고 그것을 뛰어넘고 싶다고 스스로 마음먹었을 때와 뛰어넘으라고 강요받았을 때의 의욕의 크기는 전혀 다르다. 의욕 자체가 없는 상태에서는 제한 시간을 두어봤자 아무런 의미가 없다.

그렇다면 어떤 방식으로 시간을 설정해야 할까? 기본적으로는 일이나 공부를 시작할 때 '무슨 일이 있어도 30분 이내에 여기까지는 마치자', '오늘까지는 이 업무를 반드시 끝내자'와 같은 식으로 작은 목표를 설정한다. 이때 목표는 '현재의 내가 해낼 수 있을지 없을지 잘 모르겠다' 싶은 정도가 가장 적당하다.

시간과 목표가 정해졌다면 이제 전력투구할 일만 남았다.

제한 시간을 설정하면 어떤 이점이 있을까? 우선 자신이 눈 앞에 주어진 일을 어느 정도까지 해낼 수 있는지 파악하는 메타 인지 능력이 발달한다. 자신의 역량이 어느 정도인지 객관적으로 파악할 수 있으면 단시간에 일을 하나 마치고 그다음 일로 넘어가는 습관이 몸에 밴다. 그만큼 하루 24시간이 낭비없이 꽉 채워진다.

나아가 매사에 집중력을 발휘할 수 있으며 뇌를 순식간에 몰입 상태로 이끄는 것도 가능해진다. 스스로에게 제한 시간을 설정하는 습관을 들이면 아침 시간에든 자투리 시간에든 일이나 공부에서 집중력을 크게 높일 수 있을 것이다.

주변 사람들과 함께
이상적인 시간표를 만들자

얼마 전, 한 대학 의학부 교수가 자정이 다 되도록 퇴근하지 않아 함께 일하는 직원들도 어쩔 수 없이 연구실에 남아 일을 했다는 이야기를 들은 적이 있다. 모든 학교와 모든 과가 그런 것은 아니겠지만 일부 대학교의 몇몇 과에서는 아직까지도 교수가 막강한 힘을 휘두르고 상하관계가 엄격한 편이다. 21세기의 한복판을 살면서도 아직까지도 그런 문화를 버리지 못했다는 데 씁쓸함을 감출 수 없었던 소식이었다.

대학교뿐만 아니라 수직적 조직 문화가 남아 있는 보통의 회사에서도 이와 같은 사례는 무척 빈번하게 일어난다. 부장이 매일 밤 10시까지 일하는 분위기가 일반적인 회사에서는 부하 직원들도 어쩔 수 없이 야근하는 경우가 많다. 이런 실정 때문에 미국이나 다른 국제 사회에 비추어 보면 일본의 화이트칼라의 생산성이 극히 낮은 편에 속한다고 볼 수 있다.

한국과 일본을 비롯해 일부 아시아 국가들의 일하는 방식을 살펴보면 시간당 노동 밀도나 일의 효율이 일관되게 낮은 편이다. 일반적으로 '정시 퇴근'이라 여기는 오후 5, 6시에 일을 마무리하고 귀가해 사람들과 친목을 도모하는 직장 문화도 확립되어 있지 않다. 오히려 밤늦게까지 일하는 것을 직장생활의 미덕으로 여긴다.

한편 서구 사회는 어떨까. 미국과 유럽 사람들은 밤늦게까지 남아서 일하면 업무 능력이 떨어지는 사람으로 비춰질까봐 시간 외 근무를 꺼리는 경향이 강하다. 그래서 서구에는 효율적으로 일을 마치고 정시에 퇴근하는 문화가 자리 잡고 있다. 이들은 평소 일상에서 '시간'이라는 '유한한 자원'을 어떻게 효율적으로 사용해야 하는지를 고민하며 시간 관리 능력을 기른다.

앞서 언급한 대학의 의학부나 직장의 사례와 같이 사람마다 업무 일정이 다른데도 어느 한 사람의 일정에 모든 사람이 맞추는 비효율적인 업무 처리 방식은 재검토할 필요가 있다. 가능 여부를 떠나, 다음과 같은 가상의 업무 일정을 따랐을 경우의 이점을 생각해보자.

- 오전 9시에 일을 시작해서 오후 5시에는 일을 마무리하고 되도록 야근은 하지 않는다.

  ⋯▸ 저녁에 가족과 함께 시간을 보내거나 자신만의 시간을 가질 수 있다.
  ⋯▸ 일찍 잠자리에 들어 뇌와 몸을 쉬게 할 수 있다.
  ⋯▸ 아침 시간을 효율적으로 활용해 하루 동안 능력을 최대로 발휘할 수 있다.

일에 얽매이는 시간이 그 어느 시간보다 긴 것도 아침을 활기차게 보내지 못하게 만드는 요인 중 하나다. 하고 싶은 일이 있어도 일하느라 이미 지친 상태면 무언가를 만족할 만큼 해내기 어렵다. 그리고 이런 상태가 지속되면 일 처리 효율이 낮아지는 것은 물론이며 원하는 만큼 성과를 내기도 힘들다. 그저 스트레스가 쌓일 뿐이다.

초등학교나 중학교 시절을 떠올려보자. 학교에 가면 우리는 정해진 시간표에 따라 수업을 듣고 행사에 참여했다. 자신이 스스로 정한 시간표는 아니지만, 우리는 어린 시절부터 시간을 관리하는 방법을 무의식적으로 익히며 자라왔다. 평범하게 회사에 다니는 직장인은 하루가 업무 시작 시간에 맞춰서 돌아간다.

그렇다면 아침을 '하루 일과의 골든타임'으로 설정해놓고 시간표를 짜보면 어떨까? 다시 말해 아침 시간을 중심으로 자기 나름의 시간표를 만드는 것이다. '내일 아침 일찍 회의가 있으니 오전 6시에는 일어나야 한다. 충분한 수면을 취하려면 밤 10시에는 잠자리에 들어야겠구나. 그러려면 늦어도 오후 7시에는 퇴근해야 한다'와 같은 식으로 자신만의 이상적인 시간표를 만들어보자.

일 그리고 시간과의 싸움은 오늘날을 살아가는 사람이라면 누구나 안고 있는 고민일 테다. 이를 해결하려면 무엇이 문제인지 자신의 라이프스타일을 되돌아보고 바꿔나가야 한다. 뇌도 그러한 변화를 바라고 있다. 하지만 혼자만의 힘으로 완성하기에는 현실적으로 어려운 지점이 있다. 그렇다면 자신의 주변 사람들을 끌어들이자. 상사, 직장 선배, 동료, 후배, 부하 직원 등에게 협력을 구하고 참여를 독려하자. 직장에서는 보통

조직이나 팀 단위로 일한다. 상사를 비롯한 주변 사람들을 설득해 함께하면 이상적인 시간표를 만들기가 훨씬 수월해진다. 혼자 할 수 없다면 타인의 힘을 빌리자. 이 정도로 강한 의지와 굳은 각오로 도전한다면 아침 시간이 놀라울 만큼 가치 있는 시간으로 바뀐다. 아침부터 두뇌에 의욕을 가득 불어넣는다면 행복한 하루와 풍요로운 인생은 한층 더 가까운 현실이 될 것이다.

제5장

관계와 관점을 넓히는
아침 SNS 활용법

BRAIN & MORNING

뇌의 보상 체계를 활성화하는
'모닝 SNS'

지금까지 아침은 새로운 일이나 평소 하고 싶었던 일에 도전하기에 매우 적절한 시간대라는 이야기를 했다. 여기서 하나 더, 이 시간대에 가능한 일이 있다. 아침에는 누구보다 빠르게 사회와 소통할 수 있다. 바꿔 말하자면 아침은 '사회의 최신 트렌드를 어느 시간대보다도 빠르게 읽을 수 있는 시간'이라고도 할 수 있다.

일선에서 발로 뛰며 살아가는 사람에게 재빠른 정보 수집은 필수 사항이다. 이때, 정보는 신선도가 가장 중요하다. 예전에는 아침에 신문을 읽거나 TV 뉴스를 보면서 시대의 흐름이나 사회의 변화 양상을 알 수 있었다. 그러나 속도 면에서 보면 아무래도 실제보다 한 박자 느릴 수밖에 없었다. 그런데 인터넷과 SNS가 발명되면서 시대가 격변했다. 이제는 트위터나 페이스북에 접속하면 지금 무슨 일이 벌어지는지 어지럽게 변화하는 사회의 모습을 실시간으로 살펴볼 수 있다. '시대는 무엇을 요구하는가', '요즘 어떤 것이 유행하는가'에 대한 사회 전반에 걸친 신선한 정보는 물론이며 대중들의 인식부터 젊은 세대의 소박한 감정에 이르기까지, 누구나 언제든지 손쉽게 정보를 얻을 수 있다.

소셜 미디어를 통해서 얻는 정보에는 재미있는 특징이 있다. 평면적이고 단순한 정보가 아닌 세계 각국의 사람들이 다양한 관점에서 전하는 정보라 편중되지 않은 다양한 시각과 가치를 발견할 수 있다. 이러한 점 때문에라도 아침에 반드시 소셜 미디어를 효율적으로 활용했으면 한다. 분명 그 대단함에 감탄을 금치 못할 것이다.

나를 포함해서 최근 점점 아침에 SNS를 하는 사람이 늘고 있다. 트위터나 페이스북, 인스타그램 등을 활용해 이른 시간부터 사회와 소통하면 뇌에도 기쁨이라는 보상을 준다. 사회 그리고 사람과 연결되면 뇌의 보상 체계가 활성화되는데, 이는 뇌과학적으로도 증명된 사실이다. '칭찬받고 싶다', '인정받고 싶다', '사랑받고 싶다'와 같은 관계성 욕구 때문인데, 이러한 욕구가 충족되면 뇌도 기쁨을 느껴 자연스럽게 의욕이 높아진다(사람은 다른 동물들에 비해 뇌가 큰 편이다. 인간의 대뇌화가 진행된 이유가 사회적 관계 때문이라는 학설이 있다. 날카로운 이빨이나 손톱, 강한 힘 등을 가지지 못한 인간이 야생에서 생존하기 위해서는 다른 사람들과의 협력이 필수적이었고 그 관계를 원만하게 만들기 위한 수단으로 뇌가 커졌다는 주장이다. 그러므로 다른 사람과의 인간관계가 원활해지면 뇌는 보상의 쾌감을 느낀다. 칭찬받거나 인정받거나 사랑받는 느낌은 '지위감'이 높아지는 것인데, 이는 다른 말로 '심리적 서열'이라고 할 수 있다. 인간의 뇌는 의식주 같은 기본적인 욕구만큼이나 지위감의 상승을 추구하는데 이것이 충족되면 쾌감을 느낀다고 한다. 마이클 마멋Michael Marmot이라는 학자는 인간의 수명에 가장 큰 영향을 미치는 요인이 돈이나 명예, 학벌이 아니라 '지위감의 상승'이라고도 하였다—감수자 주).

SNS 활동으로 뇌가 쾌감을 느끼면 저절로 하루의 시작에 활기가 샘솟을 것이다. 일이란 본래 사회나 사람과의 소통에서 시작한다고 해도 과언이 아니다. 그러니 아침에 제일 먼저 소통 창구를 확인해보자. 손쉽게 실천할 수 있는 아침 습관을 몇 가지 소개하겠다. 아래 활동처럼 뇌에 스트레스를 주지 않는 간단한 것부터 시작해보자.

- 아침에 인스타그램에 사진을 하나 올리며 하루를 시작하자.
- 아침에 트위터에 한마디 끄적이고 나서 하루를 시작하자.
- 아침에 페이스북의 '좋아요' 버튼을 누르고 나서 하루를 시작하자.

이외에도 아침에 조금 일찍 일어나 시간을 마련해서 최근 있었던 일이나 깨달은 일, 자신의 생각 등을 일기 형식으로 적어 SNS에 올려보자. 뉴스나 관심 있는 정보를 SNS에 올려 많은 사람과 의견을 나누고 도움이 될 만한 자료를 모으는 것도 좋다. 아침마다 틈틈이 읽은 책의 리뷰를 올려 SNS로 연결된 사람들과 감상을 주고받는 것도 재미있을 것이다.

많은 직장인이 '긍정적인 사고방식을 갖고 싶다'거나 '직장 밖에서도 마음을 터놓고 이야기할 수 있는 사람을 만나고 싶다'라고 바라지만 생각만큼 잘되지는 않는 듯하다. 이유를 살펴보면, 일단 활동 범위가 좁다. 새로운 사람을 만날 기회도, 새로운 경험을 할 기회도 적으니 삶의 궤도가 바뀌지 않는 것이다. 그런 사람일수록 아침마다 SNS를 활용해 서로에게 자극을 주는 관계를 구축하고, 자기 성장을 하는 기쁨을 느꼈으면 한다. 이러한 관계의 확장이 두뇌 활성화에도 긍정적 영향을 미칠 것이다.

디지털과 아날로그의 결합으로
더 신선한 정보를 수집하자

정보를 얻는 경로로 트위터나 페이스북 같은 소셜 미디어만을 고집할 필요는 없다. 아침에 웹 서핑을 하면서 정보를 모으는 것 자체가 두뇌 워밍업에 도움이 된다.

아무에게도 방해받지 않는 아침 시간대에 인터넷을 이용해 이 시대가 요구하는 것이 무언지를 아는 것만으로도 뇌는 자극을 받아 활성화된다. 포털 사이트 뉴스든 인터넷 신문이든 상관없다. 오늘의 뉴스를 확인하는 것만으로도 충분한 효과를 얻을 수 있다. 이런 식으로 간단하게 정보를 확인하는 정도라면 아침에 다소 분주하더라도 스트레스나 부담 없이 시작할 수 있을 것이다.

도저히 아침에 시간을 내기 힘든 날에는 트위터에서 제공하는 실시간 트렌드를 확인하는 방법도 있다. 트위터 실시간 트렌드란 현재 트위터 이용자들이 가장 많이 쓰고 있는 말을 의미하는데, 나는 이것을 효율적으로 정보를 걸러내는 도구로 활용한다.

신문, 잡지, TV, 라디오 등에서도 정보를 얻을 수 있지만, 그것만으로는 요즘 무엇이 사람들 입에 오르내리는지 충분히 알기 어렵다. 정보를 전달하는 속도가 인터넷보다 한 박자 느리기 때문이다. 그러니 기존 미디어에 실시간으로 정보를 얻을 수 있는 인터넷 미디어를 결합해서 활용하자.

디지털과 아날로그를 효율적으로 활용해 정보를 수집하면 시대의 흐름이나 온도를 정확하게 감지해낼 수 있다. 그뿐 아니라 국내를 넘어서 전 세계적으로 많은 사람이 흥미와 관심을 보이는 사건이 무엇인지도 알 수 있다.

나의 존재감과 영향력을 키우는
SNS 활용법

오늘날은 개인이든 기업이든 소셜 미디어상의 존재감을 주요 정보로 여긴다. 지금은 존재하지 않지만, 몇 년 전 소셜 미디어상의 영향력을 수치로 보여주는 '클라우드 스코어'라는 웹 사이트가 있었다(해당 웹 사이트는 2018년 5월 기준으로 폐쇄되었다—옮긴이 주). 이곳에서는 팔로우 수나 트위터 내용 등을 바탕으로 소셜 미디어상에서 보이는 개인의 영향력을 따져 1에서 100까지의 점수를 부여한다.

당시 클라우드 스코어에 측정된 점수를 보면 내 점수는 78점,

소프트뱅크 CEO인 손정의는 74점이었다. 그 밖에도 팝가수 레이디 가가는 93점, 전 미국 대통령 버락 오마바가 99점, 달라이 라마는 89점이었다. 내 입으로 직접 말하는 것이 부끄럽긴 하지만, 나라는 존재가 세상 사람들에게 영향을 미친다는 사실에 기쁨을 느낀다. 물론 내 뇌도 행복을 느낀다.

그래서인지 오전 6시부터 소셜 미디어상의 타임라인은 북적북적하다. 시사 문제에 대해 말할 타이밍을 놓치면 이미 시대에 뒤처진 느낌이 들 정도다. 소셜 미디어에 아침부터 글을 올려두면 사람들의 반응이 하루 내내 쌓이므로 이른 시간에 도움이 되는 정보를 남겨두면 효과적이다. 내 주변의 존재감이 강한 저명인사들 역시 모두 아침 시간에 SNS를 활용한다. 물론 이는 개인에게만 해당되는 이야기가 아니다. 기업의 이미지를 구축하고 알릴 때도 명심해야 할 점이다.

따라서 소셜 미디어에서 여러 가지를 테스트하고 다채로운 경험을 하고 싶다면 아침이 가장 좋다. 자신의 생활 리듬에 맞춰서 정보를 제공하기만 해도 소셜 미디어상의 영향력을 키울 수 있기 때문이다.

소셜 미디어는 신선 식품이나 마찬가지라 시간과 함께 정보의 신선도가 변한다. 그렇기에 발 빠르게 정보를 전달하려면 아침이 가장 적합하다. 물론 소셜 미디어를 하는 목적이 영향력을 키우는 데만 있지는 않다. 하지만 매력적이고 신선도가 높은 정보를 제공하면 그만큼 많은 사람이 관심을 가지고 모여드는 것도 사실이다.

소프트뱅크의 CEO 손정의도 매일 아침 소셜 미디어로 사람들과 소통한다. 누구보다도 바쁜 나날을 보내는 그도 실천 가능한 일이니 누구나 아침 시간을 효율적으로 활용한다면 반드시 소셜 미디어상에서 존재감을 드러낼 수 있을 것이다.

매일 짧은 글쓰기로
문장력과 표현력을 기르자

학창 시절, 국어 선생님이 문장력을 길러야 사회 생활을 잘할 수 있다는 말씀을 한 적이 있다. 그때는 그 말의 의미를 잘 몰랐는데 성인이 되고 나서 그 말을 의미를 여실히 깨달았다. 사회 생활에 필요한 자기소개서부터 시작해 보고서, 메일, SNS에 쓰는 글까지 우리는 정말 많은 글을 쓰면서 살아가고 있다. 문장력을 기르는 가장 손쉬운 방법은 뭐니 뭐니 해도 많은 양의 책을 읽는 것이다. 그것도 한 분야만이 아니라 경제, 역사, 추리, 공상과학, 해외 원서 등 다양한 종류의 책을 독파해야 한다. 그러면 사고의 폭이 넓어지고 글을 읽으면서 자연히 표현력과 문장력이 길러진다.

나는 어린 시절부터 책 읽기를 무척 좋아했다. 특히 공상과학 동화에 푹 빠져 당시 학교 도서관에 있던 수십 권의 책을 모조리 다 읽었다. 셜록 홈스가 등장하는 추리소설도 좋아해서 단기간에 시리즈를 전부 읽은 적도 있다. 어른이 된 지금도 1년에 100~200권 정도는 가뿐하게 읽는다. 독서를 통해 얻은 문장력은 일하는 데도 큰 도움이 된다.

하지만 일반 직장인들이라면 나처럼 책을 많이 읽기가 힘들거나 부담스러울 것이다. 이런 사람들에게는 SNS를 통해 문장력을 기르는 방법을 추천한다. SNS의 등장으로 문장력이라는 개념도 새로운 차원에서 봐야 하는 시대가 되었다. SNS에서는 자신이 쓴 글이 '읽는 사람에게 어떻게 받아들여질까'를 넘어서 '얼마나 퍼져 나갈까', '어떤 식으로 잘못 받아들여질 수 있을까'를 함께 고려해야 한다. 즉 짧은 만큼 매우 고도의 문장력이 필요하다. 입으로 소리 내든 손으로 쓰든, 말은 문맥에서 따로 떨어져 나와 여기저기로 퍼진다. 글을 쓸 때는 그 점을 고려하면서 표현을 신중히 골라야 문장력을 기를 수 있다.

우리는 일상적으로 수많은 상황에서 무의식적으로 글을 쓰고 말을 한다. 즉 문장력이나 표현력을 기른다는 것은 무의식을 갈고닦는 것이기도 하다. 뇌과학에서도 '말할 준비는 의식하기 이전에 시작된다'고 여긴다. 그렇기에 자신의 말이나 글이 머릿속에서 편집 및 정리되도록 의식적으로 훈련할 필요가 있다. 이를 위해서라도 SNS상에 글을 쓸 때는 끝까지 다듬고 검토하는 습관을 들이자.

　SNS에 글을 쓸 때는 자신의 글이 큰 줄기에서 따로 떨어져 나가 남들의 오해를 살지도 모를 상황까지 고려하며 써야 한다. 이런 훈련을 반복하다 보면 문장력과 표현력은 저절로 길러질 것이다.

아침 모임에 참가해
새로운 커뮤니티를 꾸리자

요즘 '아침 식사 모임'이 인기다. 아침 시간을 활용해 강연을 듣거나 같은 목적을 가진 사람들끼리 모여 간단히 식사를 하면서 독서 토론이나 영어 스터디, 업무 스터디 등을 하는 모임이다. 예전에는 퇴근 후에 이런 모임이 많았다. 하지만 야근이나 회식 등 회사 일정에 좌우되는 저녁 시간을 꼬박꼬박 지키기가 무척 어렵기에 요즘에는 아침 식사 모임이 대세가 된 듯하다. 바람직한 변화라고 생각한다.

SNS상에서는 그런 사람들을 위한 다양한 모임을 쉽게 찾을 수 있다. 스마트폰과 SNS의 발전으로 아침 시간을 활용하는 방식도 자기중심에서 타인과의 교류를 중시하는 방향으로 바뀌었다고 볼 수 있다. 아침 시간에 혼자 무언가를 하는 것도 좋지만 여럿이 함께하는 모임에 참가하면 약간의 강제성이 부여되어 의욕이 한층 높아진다. 또한 아침 활동을 습관화하는 데도 도움이 된다.

수차례 말했듯이 충분히 자고 일어난 다음 날에는 머릿속이 말끔해져 두뇌 회전도 빨라진다. 그렇기에 아침 시간은 집중해서 공부하거나 책을 읽기에 딱 좋은 시간대다. 정기적으로 열리는 아침 공부 모임이나 독서 모임에 참가하다 보면 꾸준히 아침 활동하는 습관을 들이기도 쉽고 다른 일에 한눈파느라 시간을 흘려보낼 염려도 없다. 자신과 비슷한 가치관을 가졌거나 같은 업종에서 일하는 사람을 만나 인맥을 넓히기에도 좋다.

아침 공부 모임이나 독서 모임으로 어떤 종류들이 있을까? 공부 모임은 모임의 성격에 따라 주제가 다양한데 기본적으로는 직무 역량 향상, 영어, 창업, 투자 관련 모임이 많은 편이다. 한편 독서 모임은 카페에서 차를 마시면서 경제서, 철학서 등 온갖 분야의 서적을 함께 읽고 토론하는 모임으로 폭넓은 연령층에게 인기를 얻고 있다. 본격적으로 일하기 전에 공통의 목적의식을 가지고 모인 사람들과 만나 편안한 아침 시간을 보내면 뇌와 몸이 워밍업되어 하루를 시작하는 데도 효과적이다.

아침 식사 모임을 흐지부지하게 끝내지 않으려면 다음과 같은 점에 유의하자. 불특정 다수를 상대로 하는 강연 형태가 아니라면 기본적으로는 참가자끼리 차분하게 토론할 수 있을 정도의 적은 인원이 바람직하다. 인원수가 많으면 참가자 모두와 의견을 나누기가 어렵기 때문이다. 또한 '요즘 유행이니까', '그런 모임에 나가지 않으면 뒤처지니까'와 같이 명확한 목적도 없이 일단 나가고 보는 것은 아무런 소용이 없다. 자신에게 의미 있는 시간이 될 수 있도록 합리적으로 따져보고 나서 참가하자.

스스로 아침 모임을
주최하자

앞서 말했듯이 SNS를 활용하면 누구나 손쉽게 아침 모임에 참가할 수 있다. 그런데 단순히 참가에 그치지 말고 직접 모임을 만들고 주최해보는 것도 좋다. 아침 공부 모임, 독서 모임 등을 주최하려면 기획력, 전파력, 참가자를 모으는 기술 등 다양한 능력이 필요하다고 생각할지도 모르겠다. 그런데 이러한 문제는 SNS를 활용하면 단숨에 해결된다.

예를 들어 페이스북을 활용하면 친구와 지인은 물론이며 회사 동료들에게도 바로 알릴 수 있다. 페이스북을 통해 친구가 된 사람의 소개로 새로운 참가자를 모집할 수도 있다. 트위터 상에도 'ㅇ월 ㅇ일, 아침 ㅇㅇ시부터 ㅇㅇ에서 ㅇㅇ 스터디를 진 행합니다'와 같은 식으로 글을 올리면 효과적이면서도 손쉽게 참가자를 모을 수 있다.

SNS를 활용했을 때의 가장 큰 매력은 모임의 횟수를 거듭할수록 참가자의 폭을 넓힐 수 있다는 점이다. 모임의 주최자가 되어 많은 사람을 만나다 보면 자신이 무엇을 잘하고 무엇을 잘 못하는지 알게 된다. 그러면 '좀 더 의미 있는 모임을 열고 싶다', '참가자를 더 늘리고 싶다'와 같은 적극적인 마음이 솟아나고 그만큼 노력을 기울이게 된다. 이 '노력'이라는 행위는 뇌과학적으로도 매우 중요하다. 인간은 스스로에 대한 믿음, 즉 자신감이 있어야 인생을 적극적으로 살 수 있는데 그것을 뒷받침하는 것이 노력이기 때문이다.

수동적으로 참가하는 데 그치지 말고 조금 더 적극적인 노력을 기울여 스스로 아침 모임을 주최해보자. 이것이 SNS를 활용해서 아침을 의미 있게 보내고 두뇌의 능력을 최대로 이끌어내는 가장 좋은 방법이다.

morning
routine
project

제6장

스트레스를 이기는
창의적 아침 두뇌 만들기

BRAIN & MORNING

스트레스를 이기는
뇌의 비밀

오늘날을 두고 '스트레스 사회'라고 일컫은 지도 오래되었다. 사람이 스트레스에 장시간 노출되면 감정의 기복이 심해진다. 불안감에 휩싸여 집중력을 잃은 적은 없는가? 시간이 지나도 좀처럼 화가 가라앉지 않아 주변 사람들에게 짜증을 내거나 일이 손에 잡히지 않아 하염없이 시간만 흘려보낸 적은 없는가?

이러한 감정의 기복은 우리의 뇌 안을 돌아다니는 신경전달물질이나 체내에 분비되는 호르몬과 깊은 관련이 있다. 뇌 기능, 그중에서도 감정에 관여하는 신경전달물질의 종류는 수

십 가지인데, 그중 대표적인 것들로는 도파민, 노르아드레날린 noradrenalin(노르에피네프린이라고도 불린다 ─ 감수자 주), 세로토 닌 등이 있다.

앞에서도 몇 번 언급한 도파민은 쾌감과 기쁨을 주는 신경전 달물질로 인간의 정신적인 면과 운동 기능에 막대한 영향을 미 친다. 호기심과 도전 의욕을 북돋아 의지와 집중력을 발휘하도 록 돕는다. 새로운 일에 도전하려고 마음먹거나 한 가지 일에 몰두할 수 있는 것도 도파민 덕분이다.

한편 불안이나 공포와 같은 부정적 감정을 불러일으키는 신 경전달물질도 있다. 바로 노르아드레날린이다. 우리가 극심한 스트레스를 느낄 때 뇌는 이에 맞서기 위해 노르아드레날린을 분비한다. 노르아드레날린은 위험(스트레스)에 맞설 수 있도록 각성 상태를 유지하고 통증을 억제한다. 그러나 과도하게 분비 되면 격렬한 흥분 상태를 일으키는 등 분노와 같은 감정을 일 으키기도 한다. 수많은 신경전달물질 중 분비량이 가장 많은 것도 특징이다.

세로토닌은 이와는 대조적으로 신경의 안정에 깊이 관여한 다. 그뿐 아니라 식욕, 수면, 체온 등의 균형을 유지하는 신체의 조절 능력에도 영향을 미친다.

그 밖에 대표적인 신경전달물질로는 모르핀을 훨씬 웃도는 진통 효과가 있어 '뇌내 마약'이라 불리는 베타 엔도르핀, 학습과 기억에 관여하는 아세틸콜린acetylcholine 등이 있다.

이러한 신경전달물질의 분비량은 뇌에서 철저하게 조절되지만 때때로 호르몬 균형이 크게 무너지면 지나치게 많이 분비되거나 반대로 적게 분비되기도 한다. 그러면 조울증이나 불안장애가 나타나는 등 몸과 마음에 수많은 불청객이 찾아온다. 문제는 우리가 신경전달물질을 마음대로 제어할 수 없다는 점이다. 할 수 있는 일이라고는 몸을 움직이는 것 정도다. 제2장에서도 말했지만, 아침에 일어나 화창한 기분으로 하루를 시작하려면 햇빛을 쐬는 것이 가장 좋다. 아침에 햇빛을 쐬면 세로토닌이 분비되고 체내 시계가 초기화되어 심리적인 안정을 느낄 수 있기 때문이다.

스트레스가 많은 현대 사회에서 어떻게 하면 스트레스를 덜 받고 불안과 고민을 해소하고 뇌의 긴장을 풀 수 있을까? 도무지 집중이 안 되고 부정적 생각이 떠나지 않을 때는 어떻게 대처해야 할까? 나아가 아침부터 두뇌의 능력을 최대로 이끌어내고 유지하려면 어떻게 하면 좋을까? 이번 장에서는 아침 시간을 활용해 불안과 스트레스를 이겨내는 법, 아침에 두뇌의 스위치를 전환하거나 '초기화'하는 법에 관해 이야기하려 한다.

지금부터 누구나 일상에서 바로 시작할 수 있는 방법을 하나씩 소개하겠다. 이것을 따라 뇌가 지닌 신비한 능력을 올바르게 이해하고 최대한 발휘해보도록 하자.

작게, 사소하게,
가볍게 시작하라

내게는 전 세계를 돌아다니며 모험을 즐기는 스승님이 한 분 있다. 일전에 그분에게 '팔굽혀 펴기, 복근 단련, 스쿼트 하루 200회'라는 어마어마한 운동 과제를 받았더랬다.

처음에는 무척이나 힘들었다. 안 하던 운동을 하루에 200회나 해야 했으니 말이다. 허벅지, 옆구리, 팔뚝 등 신체 온갖 부위의 근육이 비명을 질러댔다. 그래도 조금씩 익숙해지자 운동하는 습관이 들어 4개월 정도는 계속했던 것 같다. 그런데 매일 꾸준히 하기가 힘들어서 결국은 그만두고 말았다.

그로부터 얼마쯤 지나 이런 생각이 들었다.

'200회라는 숫자에 얽매일 필요가 있을까. 매일 10회라도 하자. 엄격한 규칙으로 자신을 옭아매지 말고 가능한 만큼이라도 해보자.'

이렇게 마음을 바꾼 이후로는 근력 운동을 꾸준히 할 수 있게 되었다. 스승님과 한 약속을 지키지 못한 것 같아 조금 죄송한 마음이 들긴 했지만, 이렇게라도 하는 것이 아예 안 하는 것보다는 훨씬 낫다는 생각이다.

아침을 활용하는 방법도 기본적으로는 이와 같다. 우선 자신이 할 수 있는 범위 내의 일, 다시 말해 소소한 일부터 시작하자. 중요한 것은 꾸준한 실천이다. 영어 원서를 읽기로 마음먹었다면 하루에 한 쪽씩 읽는 것만으로도 충분하다. 매일 한 쪽 읽기가 어렵다면 몇 줄 읽기로 목표를 낮추자. 그것도 아니면 영어 단어를 몇 개씩만 외워도 좋다. 핵심은 매일매일 그 목표를 달성할 수 있느냐다. 목표가 너무 높으면 포기할 핑곗거리로 딱 좋다. '근력 운동 200회'처럼 말이다. 나의 상황과 실력에 맞춰 실천 목표를 세우자.

요즘은 스마트폰이나 태블릿 PC와 같은 휴대용 단말기만 있으면 어디서든 인터넷을 할 수 있는 세상이다. 출근길이나 등

곳길에 영어로 해외 뉴스를 볼 수 있는 사이트에 접속해 어떤 기사가 쓰여 있는지 분위기만이라도 살짝 맛보면 어떨까? 이런 식으로 아침 시간을 활용하는 것도 꽤 재미있다.

처음부터 목표 기준을 높게 잡으면 뇌가 극심한 스트레스를 받는다. '이번에도 얼마 못했어', '이게 내 한계인가 봐'라는 식으로 자책하며 스트레스를 쌓는 것만큼 미련스러운 일은 없다. 일단 가능한 목표를 잡은 다음 어느 정도 습관이 들면 서서히 기준을 높여가며 뇌를 단련하면 된다. 이처럼 적극적인 마음가짐을 갖는 것이 가장 중요하다.

강박을 버리고
'조금씩 꾸준히'에 집중하라

매사에 끈기가 부족해서 얼마 가지 못한다는 뜻의 '작심삼일'이라는 말이 있다. 하지만 나는 오히려 이 말의 긍정적 측면을 중시하고 싶다. 무슨 말인가 하면, '적어도 3일은 꾸준히 했다', '하루는 열심히 했다'라고도 볼 수 있기 때문이다.

'하루라도 빼먹으면 실패'라는 강박에 사로잡힐 필요는 없다. '지금부터 할 수 있는 일을 제대로 하자'라고 마음먹으면 두뇌의 스위치를 부정적인 생각에서 생산적인 행동으로 전환할 수 있다. 이것이 바로 내가 주장하는 '최선을 다하는 자세'다.

누구나 한두 번쯤은 게으름을 피우는 자신을 보고 자기혐오에 빠져본 적이 있을 것이다. 그럴 때 '왜 나 자신에게 조금 더 단호하게 굴지 못했을까'라거나 '난 역시 뭘 해도 안 된다'라는 식으로 끙끙거리고 후회하면 뇌는 더 극심한 스트레스에 시달린다. 그리고 점점 더 깊은 나락으로 떨어진다. 지나간 시간은 어차피 되돌릴 수 없는데 그것을 붙잡고 있느라 미래의 시간까지 낭비하는 것은 너무도 아깝지 않은가.

아침부터 어쩐지 어수선해서 하려던 일을 전혀 하지 못해 침울해지는 날도 충분히 생길 수 있다. 그럴 때일수록 제한된 아침 시간 동안 집중해 성과를 낼 수 있는 나름의 일을 하면 될 일이다. 혹은 원래 했던 양의 50퍼센트만 해도 된다. 핵심은 조급하게 생각하지 않는 것, 꾸준함을 유지하는 것이다.

3일 연속으로 해봤던 일은 한 차례 쉬어가도 언제든 다시 시작할 수 있다. 할 수 있을 때 두뇌를 재가동해서 최선을 다하면 되는 것이다. '완벽'을 향한 강박이 우리를 포기하게 만든다. '언제든 다시 하면 된다'는 식으로 생각만 조금 달리해도 두뇌의 스위치를 능수능란하게 전환할 수 있다.

뇌를 위한 근육 운동
'의식적으로 행동하기'

'최선을 다하는 자세'를 주제로, 내가 두뇌의 스위치에 대해 이야기할 때마다 빠지지 않고 나오는 사람들의 불평이 있다.

- 나는 두뇌 전환을 잘 못한다. 말처럼 그렇게 쉬울 리가 없다.
- 최선을 다하는 것이 얼마나 중요한지는 안다. 하지만 타고난 천성이 게을러서 그게 잘 안 된다.

이런 사람들에게는 우리가 잘 아는 다이어트를 예로 들어 설명할까 한다. 많은 방송과 책을 통해 우리는 고도비만에서 탈출해 소위 '몸짱'이 된 사람들의 이야기를 많이 듣는다. 그들의 '비포' 사진을 보면 놀라움을 금할 수가 없는데 도저히 같은 사람이라고 생각할 수 없을 정도다. 그들이 만약 '나는 어차피 타고난 체질이 살이 잘 붙어서 아무리 운동을 해도 살이 안 빠질 거야'라고 생각하고 아무것도 하지 않았다면 그런 엄청난 변화를 이루어낼 수 있었을까? 살을 빼고 건강한 몸을 만들고 싶다면 방법은 단 하나다. 의식적으로 먹는 음식과 양을 조절하고, 꾸준하고 강도 높은 운동을 통해 지방을 태우고 근육을 만들어야 한다.

우리의 뇌도 마찬가지다. 뇌도 근육처럼 써야 발전하고 의식적으로 단련해야 강화된다. 두뇌의 스위치 전환에 능숙하지 않은 것은 타고난 성격과는 무관하다. 반복적인 훈련을 통해 신경 회로를 단련했느냐 하지 않았느냐의 차이뿐이다. 늘 귀찮고 의욕이 없다고 느낀다면 아직 습관이 들지 않아서일 뿐, 의식적인 훈련을 통한다면 절대 이길 수 없을 것 같던 '귀차니즘'도 이겨낼 수 있다.

여기서 잠시 두뇌의 전환에 관한 이야기를 해보려 한다. 우리 뇌의 이마엽에는 '안와전두피질'과 '등쪽가쪽이마앞엽'(배

외측전전두엽)이라는 영역이 있다. 전자는 상황을 감지해 뇌의 활동을 조정한다고 알려져 있다. 후자는 뇌의 사령탑으로서 우리가 취해야 할 행동을 지시한다(일반적으로 뇌의 사령탑은 이마앞엽 전체를 가리킨다―감수자 주). 이 두 부위를 단련하면 의욕이나 집중력을 상황에 맞게 전환할 수 있는데, 그러려면 의식적으로 행동하려는 노력이 필요하다. 의식적으로 생각하고 행동할 때 두 부위의 신경 회로를 강화할 수 있기 때문이다. 최대의 적은 행동으로 옮기기를 미루면서 뭉그적거리는 자세다.

다른 여러 신경 회로와 마찬가지로 이 부위의 신경 회로 역시 아무것도 하지 않으면 강화되지 않는다. 계속 반복하고 반복하면서 신경 회로를 자극해줘야 한다. 평소에 늘 '최선을 다하는 자세'를 명심하면서 실제 행동으로 옮기기 바란다.

번뜩이는 아이디어를 낳는
디폴트 모드 네트워크

우리의 뇌에는 '디폴트 모드 네트워크'라고 불리는 신경 회로가 있다. 특정한 목적이 없는 행동을 할 때, 간단히 말해 '멍하니 있을 때'면 이 신경 회로가 작동해 머릿속을 정리한다.

혹시 이런 경험을 해본 적은 없는가? 책상 앞에 앉아 머리를 쥐어짜도 좀처럼 신선한 아이디어가 떠오르지 않던 어느 날, 머리 좀 식힐 겸 밖으로 나가서 잠시 어슬렁거렸더니 갑자기 좋은 아이디어가 떠오른 경험 말이다. 이처럼 한차례 머리를 비웠을 때 갑자기 떠오르는 빛나는 아이디어는 디폴트 모드 네트워크 효과와 관련이 있다.

아무것도 없는 텅 빈 곳에서 갑자기 아이디어가 생겨날 리는 없다. 이제껏 머릿속에 쌓아 놓은 다양한 경험과 정보가 서로 적절히 결합해 아이디어가 번뜩이는 순간을 만들어낸 것이다. 즉 디폴트 모드 네트워크가 가동되면 여기저기에 흩어져 있던 정보가 재정리되어 두뇌가 새로운 아이디어를 창출해낸다고 말할 수 있겠다(디폴트 모드 네트워크는 말 그대로 기본적으로 구동되는 네트워크로 뇌가 아무런 의식적인 활동을 하지 않을 때 작동되는 부위를 일컫는다. 디폴트 모드 네트워크가 가동되면 정보를 필요와 불필요에 따라 정리할 뿐만 아니라 서로 연관성 없는 정보들 간의 연결을 통해 섬광처럼 좋은 아이디어를 떠올릴 수 있게 된다. 즉 앞서 설명한 것처럼 유레카 모멘트를 만들어낸다. 디폴트 모드 네트워크는 저자의 말처럼 무언가에 집중하다가 그것으로부터 벗어나 휴식을 취하거나 '멍 때릴 때' 작동된다―감수자 주).

디폴트 모드 네트워크 단련을 위해서는 명상을 하면 좋다. 전에 나는 저명한 한 선승禪僧을 만나 대담을 나눌 기회가 있었다. 그때 나는 그와 함께 좌선을 하면서 불안정한 마음을 가라앉히고 머리를 비우게 돕는 명상의 효과를 실감했다. 느긋한 마음으로 좌선을 하면 머릿속이 서서히 텅 비워진다. 이윽고 뇌가 편안함을 느끼면서 몸과 마음도 느긋해지는 무심의 경지에 다다르면 디폴트 모드 네트워크가 가동된다.

명상하기가 어딘가 쑥스럽고 어렵다고 생각하는 사람도 많겠지만, 지나친 형식이나 격식에 얽매이거나 어렵게 생각할 필요는 없다. 몸에 힘을 빼고 가장 편한 자세에서 마음을 비우고 자신의 호흡 그 자체에 집중하기만 하면 된다. 그럼 천천히 몸의 긴장이 풀리는 느낌, 복잡한 문제들이 머릿속에서 사라지는 듯한 느낌을 받을 것이다.

그리고 명상은 꼭 아침에 해보기를 권한다. 아이디어가 고갈되었을 때, 불안감이나 고민에 시달릴 때 시도해보면 큰 효과를 볼 수 있다. 호흡을 천천히 가다듬으면서 그 상태를 5~10분 정도 유지하면 서서히 몸과 마음이 비워진다. 평온한 상태에서 디폴트 모드 네트워크를 가동시키면 창의력 넘치는 하루를 보낼 수 있을 것이다.

산책 명상으로
몸과 마음을 건강하게!

스트레스를 받은 뇌를 진정시키고 디폴트 모드 네트워크를 강화하는 방법으로 '산책 명상'을 추천하고 싶다. 산책 명상은 쉽게 말하면 '산책을 발전시킨 형태'라 할 수 있다.

한 가지 다른 점이라면, 산책할 때는 이런저런 생각에 빠지기 쉬운데 산책 명상을 할 때는 글자 그대로 걸으면서 명상을 한다. 즉 무無의 경지에서 걷는 것이다. 불필요한 잡념을 버리고 아무런 생각도 하지 말고 그저 계속 걸으면 된다. 명상과 마찬가지로 어렵게 생각할 필요는 없다. 느긋하게 호흡하면서 산

아침 명상과 산책 명상은 뇌에 좋다

명상
불안정한 마음을 가라앉히고 머릿속을 비운다!

Point 5~10분 정도 호흡을 천천히 가다듬으면서 한다

마음을 비우고
하자, 들

산책 명상
햇빛을 쐬면 단시간만에 뇌가 편안해진다!

Point 마음을 비운 채로 매일 아침 10~20분 정도 한다

책 명상을 시도해보자.

익숙해지기 전에는 눈이나 귀로 들어오는 외부 정보를 의식하게 마련이지만 시간이 지날수록 점점 머릿속이 텅 비어간다. 매일 아침 10~20분 정도만이라도 산책 명상을 해보면 그 놀라운 효과를 실감할 수 있을 것이다.

과장되게 들릴 수도 있지만, 산책 명상을 만난 뒤로 내 인생은 크게 달라졌다. 아침에 일어나면 바로 밖으로 나가서 햇빛을 충분히 쐬고 그대로 산책 명상을 하러 가자. 분명 짧은 시간 안에 뇌가 안정을 되찾고 몸과 마음도 개운해질 것이다.

거의 하루 종일 의자에만 앉아서 일하는 직장인이라면 점심이나 저녁의 자투리 시간을 활용하는 것도 한 가지 방법이다. 산책 명상은 몸의 피로와 정신적 스트레스를 풀어줄 뿐 아니라 두뇌 회전을 활발히 하는 데도 효과적이다.

우연 속에서 기회를 발견하는
세렌디피티적 사고

디폴트 모드 네트워크와 마찬가지로 창의적 아이디어와 관련이 있는 말로 '세렌디피티'serendipity라는 단어가 있다. 세렌디피티는 18세기 영국의 작가인 호레이스 월폴Horace Walpole이 만든 말로, 편지에 "뜻밖의 행운을 발견하는 능력을 세렌디피티라고 부르자."라고 적은 것이 그 시작이었다고 한다.

이렇듯 우연인 듯 보이지만 그 속에서 누구도 보지 못한 발견을 하고, 새로운 물건의 발명으로 이어지게 하는 생각을 '세렌티피티적 사고'라고 부르기도 한다. 수많은 인기 상품이 바로 이 세렌디피티적 사고에서 탄생했다. 오늘날 우리가 일상적으로 사용하는 물건들의 대부분은 명확한 콘셉트를 가지고 계획적으로 만들어진 것이 아니라 우연한 계기로 발견된 경우가 많다.

누구나 아는 '포스트잇'이 대표적 사례다. 이미 전 세계 사람들이 애용하는 포스트잇은 자유롭게 뗐다 붙였다 할 수 있는 편리한 메모지다. 그러나 이 상품도 세렌디피티가 없었다면 나오지 못했다. 포스트잇을 처음 만든 회사인 쓰리엠3M에서는 당시에 접착력이 강한 접착제를 개발하던 중이었다. 그러나 결과는 대실패. 접착력이 너무 약한 접착제가 만들어지게 된 것이다. 그로부터 무려 4년이 지난 어느 날, 개발자 중 한 사람이 교회에서 중요한 순간을 마주하게 된다. 교회 성가대원이었던 그는 평소와 마찬가지로 찬송가집을 뒤적이다 그 속에 끼워두었던 책갈피가 제멋대로 스르륵 떨어지는 걸 보게 된다. 그리고 그 순간 그의 머릿속에서 그 혁신적인 상품에 대한 아이디어가 번뜩였다. 포스트잇은 이러한 '우연' 속에서 탄생했다.

이러한 우연한 사건이나 만남의 기회가 누구에게나 찾아오는 것은 아니다. 우연을 필연으로 바꾸려면 다음과 같은 세 가지 마음가짐이 필요하다. 바로 '행동', '깨달음', '수용'이다. 가만히 멈춰 있는 사람에게 행운이 알아서 찾아오지는 않는 법이다. 실제 행동으로 옮기지 않으면 아무것도 시작되지 않는 법이다. 이때는 특정한 목적이나 이유를 만들지 말고 우연한 만남의 기회를 많이 가져야 한다. 그렇게 행동하다 보면 다양한 자리에서 다양한 사람과 만나며 다양한 경험을 얻을 수 있다.

다음으로 필요한 것은 깨달음이다. 세렌디피티를 발전시키려면 자신이 만난 사람의 가치관을 깨달아야 한다. 모처럼 근사한 만남의 기회가 있어도 상대의 매력이나 가치관을 알아차리지 못하면 '우연'에 숨은 열기도 식어버리기 때문이다. 이를 위해서는 항상 자신 주변에 관심을 기울일 필요가 있다. 익숙하고 대하기 편한 사람들에게만 신경 쓰고 그 밖의 사람들에게 관심을 두지 않으면 우연한 만남이나 그것이 내뿜는 열기를 보고도 그냥 지나쳐버리게 된다. 그러니 특정 사람들에게만 매달리지 말고 주위를 두루두루 살피자.

마지막으로 필요한 것은 수용이다. 아무리 많은 우연을 알아채도 자신과 관계없는 일로 치부하거나 자신의 신념이나 인생관에 반한다고 거부한다면 우연을 행운으로 발전시키기 어렵다. 고정관념에서 벗어나 자신이 잘 모르는 분야도 열린 마음으로 받아들이려는 자세가 중요하다. 이러한 수용의 자세야말

로 자신의 인생관과 가치관에 큰 영향을 미친다. 그만큼 세렌
디피티에는 없어서는 안 될 요소다.

두뇌의 온·오프 스위치를
의식적으로 전환하자

디폴트 모드 네트워크와 세렌디피티는 우리에게 눈앞에 놓인 일에서 한발 물러나 세상을 바라보는 일의 중요성을 상기시켜준다. 정해진 환경 안에서 묵묵히 노력하는 자세도 물론 중요하지만 그것만으로는 아이디어가 고갈되거나 틀 안에 갇힌 사고만 하게 된다. 그래서 결국 다음 단계로 나아가지 못한다면 너무 안타깝지 않은가.

앞서 구글의 '20퍼센트 룰'을 소개한 바 있다. 고지식한 경영자라면 정규 고용 시간의 20퍼센트를 본업 이외의 일에 쓰도록 하는 제도는 고려할 가치조차 없다며 분개할 것이다. 하지만 구글이 권장하는 이 룰은 세렌디피티를 살리기에 매우 적절한 시간 배분법이라 할 수 있다.

구글 직원들은 본업에 할당된 시간에는 주어진 일에 집중해 개선할 점을 찾고 업무의 질을 높이기 위해 최선을 다한다. 그리고 남은 20퍼센트의 시간에는 긴장을 풀고 본업과 상관없는 자신이 관심 있는 프로젝트를 진행한다. 이러한 방식이 디폴트 모드 네트워크를 가동시키고 세렌디피티를 가능하게 해 새로운 발견을 낳는 것이다.

이와 같은 관점에서 어떻게 하면 아침 시간을 효율적으로 활용할 수 있을지 고민해보자. 앞서 소개한 산책 명상도 하나의 방법이 될 수 있다. 주어진 과제에서 자신을 해방시키기 위해 추리소설의 세계로 빠져보는 것도 좋겠다. 물론 추리소설이 아니라 좋아하는 다른 장르의 책 또는 만화라도 상관없다. SNS를 활용해 바깥세상과 소통하면서 새로운 자극을 받는 것도 재미있을 것이다.

앞서도 이야기했지만 새로운 사람과의 만남이나 소통은 두뇌의 스위치를 전환하고 활성화하는 데 매우 큰 힘을 발휘한다. 아침에 일어나서 바로 일에 매진할 때의 효율성도 분명 크다. 그런 방식으로 하루의 시간을 배분해서 그날 해야 할 일의 균형을 맞추는 사람도 있을 것이다. 다만, 두뇌의 온·오프 스위치를 의식적으로 전환하면 일에든 인생에든 긍정적 변화가 찾아온다는 사실만큼은 꼭 기억하자.

아침을 활기차게 시작하자

좋아하는 음악을 듣고 영화를 보고 책을 읽고 사진을 찍고 디저트를 먹고 좋아하는 가수 콘서트에 가는 것을 상상해보자.

좋아하는 게 많을수록 뇌는 행복을 느낀다. 이 중에서 아침 시간을 활용해 손쉽게 두뇌를 활성화하기에 좋은 방법은 좋아하는 음악 듣기가 아닐까 싶다. 아침에 눈을 떴다면 잠시 좋아하는 곡에 귀를 기울여보자. 음악을 들으면서 책을 읽거나 공부를 하는 것도 시간을 효율적으로 쓰면서 두뇌를 활성화하는 데 효과적이다.

사람은 소리에서 다양한 자극을 받는데, 음악을 들으면 뇌는 '정보'와 '감정'을 해석한다. 우리는 소리를 듣고 '새들이 지저귄다', '드릴로 도로에 구멍을 뚫고 있다', '아이들이 왁자지껄하게 떠든다', '아기가 운다'와 같이 '이것은 무슨 소리인가'에 해당하는 정보를 추측한다. 음악이라면 '어떤 노래의 멜로디인가', '언제 누구와 들었던 곡인가'와 같은 정보를 해석해낸다.

감정은 사람마다 다르게 느낄 수 있는데, 귀로 들어오는 소리를 듣고 서글퍼지거나 들뜨거나 격앙되거나 평온해지는 등 다양한 기분을 느낀다. 음악을 들으면 뇌가 감정에 관여해 눈물이 맺히기도 하고 새로운 일에 도전하고 싶은 의욕에 불타오르기도 한다. 이처럼 음악의 영향력은 얕볼 수 없다.

예전에는 클래식이 두뇌 안정과 집중력 향상에 효과적이라는 연구들이 많았다. 아무래도 악곡의 성질상 마음을 평온하게 하는 효과가 있을 수는 있겠다. 하지만 최신 연구에서 조금 다른 결과가 나와 주목할 만하다. 같은 악곡이라도 클래식을 좋아하는 사람에게는 두뇌 안정에 효과가 있었지만 클래식에 관심 없는 사람에게는 별다른 효과가 없었다. 즉 같은 곡을 들려주어도 같은 반응을 보이지는 않는다는 의미다. 오히려 뇌는 자신이 좋아하는 음악을 들을 때 편안함을 느끼거나 자극을 받는다.

또한 두뇌는 정보량이 많을수록 활성화되므로 실제 현장에서 연주하는 곡을 들을 때 가장 큰 효과가 난다. 때때로 좋아하는 음악을 공연하는 콘서트장이나 연주회에 가서 직접 음악을 듣고 즐기자. 스트레스를 푸는 데 좋을 뿐만 아니라 뇌를 활성화시키는 데도 무척 효과적이다.

아침에 좋아하는 음악으로 뇌를 깨우고 밤에는 좋아하는 음악으로 마음을 안정시키며 잠자리에 들자. 아침은 물론이고, 평소 일상에서 자주 음악과 함께하면 두뇌가 활성화될 뿐 아니라 안정에도 도움이 된다.

스트레스를 억제하는
카레의 놀라운 효능

두뇌의 안정과 활성화 측면에서 봤을 때 흥미로운 사실이 하나 더 있다. 과연 두뇌 활성화에 효과적인 음식도 있을까? 사람들은 예로부터 카레가 의욕과 집중력을 높이는 데 효과적이라고 믿어왔다. 다만 그 효과가 어느 정도인지는 과학적으로 밝혀진 바가 없었다.

그러던 중 내 지도 아래서 박사 학위 과정을 밟고 있는 학생들이 '카레가 우리의 뇌와 몸에 미치는 영향'을 주제로 실험을 진행했는데, 연구 내용을 설명하면 다음과 같다.

먼저 피실험자 20명을 다음의 두 개 그룹으로 나눴다.

(1) 향신료의 향을 맡게 하고, 작업 종료 후에 향신료가 듬뿍 들어간 카레를 먹은 그룹
(2) 향신료의 향을 맡지 못하게 하고, 작업 종료 후에 향신료를 뺀 카레를 먹은 그룹

피실험자들에게는 특별히 힘들거나 어려운 일이 아닌 그저 끈기가 필요한 단순 작업을 하도록 했다. 카레를 다 먹은 뒤에 피실험자들의 침에 든 아밀레이스 성분을 분석했다. 아밀레이스는 탄수화물을 분해하는 효소 물질인데 이를 분석하면 스트레스 정도를 알 수 있다(아밀레이스는 우리가 흔히 아는 아밀라아제amylase를 말한다─감수자 주). 아밀레이스의 양이 많다면 스트레스를 받고 있는 상태다. 반대로 아밀레이스의 양이 적으면 스트레스를 별로 느끼지 않는 상태라고 볼 수 있다.

실험을 마치고 두 팀의 결과를 비교하자 놀라운 결과가 나왔다. 향신료를 뺀 카레를 먹은 그룹에서 검출된 아밀레이스의 양이 더 많았다. 카레의 향신료가 스트레스 억제에 효과적이라는 가설을 증명해낸 셈이다.

추가로 시각이나 청각과 같은 특정 외부 자극이나 현상에 반응하는 노출 및 반응방지법exposure and response prevention, ERP을 이용해 첫 번째 그룹의 뇌파를 측정하자 수치가 크게 나타났다. 이로써 카레의 향신료가 의욕과 집중력을 유지하는 데도 도움이 된다는 사실을 알아냈다.

우리가 경험에 기초해 짐작만 하던 카레의 효용 가치가 과학적으로 밝혀졌으니, 두뇌 활성화에 도움이 되도록 아침 식사로 카레를 먹는 습관을 들여 보면 어떨까? 향신료를 하나부터 열까지 다 갖춰서 요리할 필요는 없다. 레토르트 형태의 카레로도 충분하다.

아침에 일어나면 햇빛을 쐬면서 산책 명상을 하고 집에 돌아와 향신료가 듬뿍 들어간 카레를 먹자. 큰 수고를 들이지 않고 두뇌를 활성화하는 데 이보다 더 좋은 방법은 없을 것이다.

과거의 자신을 받아들이는 것이 변화의 첫걸음

일전에 강연회에서 이런 질문을 받은 적이 있다.

"선생님, 저는 영어를 공부하겠다고 계속 말만 하고 실제로는 게으름만 피웠어요. 이제부터라도 아침 시간을 활용해 열심히 공부하려고 마음먹었는데 제가 과연 할 수 있을까?"

우리 모두에게는 다들 이런 경험이 한 번씩은 있다. 하려던 일을 미루고 미루다가 그대로 계속 방치해놓는 경우다. 비유하면 이는 내 안에 먼지 쌓인 더러운 방이 하나 자리 잡고 있는 것과 같다. 청소를 해야지, 해야지, 말만 하다가 어느새 먼지로 가득 차 문을 열기조차 두렵고 남들에게 보여주기도 창피한 방을 하나씩 갖고 있는 셈이다.

그런데 어느 날 굳게 마음먹고 방문을 열어 햇빛과 신선한 공기가 들어오게 한 다음 청소를 시작한다면 어떨까? 먼지가 걷어지고 방이 반짝반짝해질수록 기분이 점점 좋아질 것이다. 그러다 보면 어느새 감춰두었던 내부를 있는 그대로 받아들이고 말끔해진 방을 다른 사람에게 보여줄 수 있게 된다. 이처럼 자신의 과거나 현재를 솔직하게 받아들이고 드러내는 자세는 뇌에도 긍정적 자극을 준다.

누군가에게 지금 안고 있는 감정이나 고민을 드러낼 수 있는 사람이라면 좋은 출발점에 서 있다고 볼 수 있다. 자신의 과거를 받아들이고 이미 적극적으로 한 걸음을 내디딘 셈이나 마찬가지기 때문이다.

두뇌의 스위치를 전환하고 심신을 안정시키려면 무언가를 억제하거나 부정하지 않는 자세가 중요하다. 특히 그 대상이 자신의 과거라면 받아들이기 어렵다는 이유로 부정하지 말고 한층 더 적극적으로 드러내자.

뇌와 마음에 여유를 가져다주는
감사의 말 한마디

아침에 일어나면 제일 먼저 감사하는 마음을 표현하자. 자신의 소중한 연인, 배우자, 부모님, 직장 동료에게 '고맙습니다'라는 근사한 말 한마디를 건네보자. 이러한 습관은 자신의 현재를 있는 그대로 받아들이고 감정을 솔직하게 표현하는 자세를 갖추는 데 도움이 된다.

누군가에게 감사의 말을 전할 때 자신의 마음도 함께 치유되는 느낌을 받을 것이다. 감사의 말은 반드시 자신에게 돌아오게 되어 있다. 감사의 말 한마디를 전하는 순간, 자신에게 얼마나 많은 행복이 주어졌는지를 깨닫게 되기 때문이다.

행동하고 깨닫고 수용하는 사람이 세렌디피티를 언뜻이 우연한 행복도 그런 사람에게 주어지는 법이다. 자신이 잃은 것이나 갖지 못한 것을 한탄하는 단계에서는 새로운 일을 시작하지 못한다. 자신의 과거와 현재의 긍정적인 면을 깨닫고 받아들여야 비로소 새로운 일에 도전할 의욕이 샘솟는다.

감사의 마음을 표현하면 뇌는 더 넉넉해진다. 감사의 말에는 애정이 묻어나게 마련이므로 애정 어린 말을 들은 상대도 고마움을 느끼고 애정을 돌려주기 때문이다. 또한 감사의 대상을 인물로만 한정할 필요는 없다. '오늘'이라는 행복한 하루를 맞이한 사실, 아침에 개운하게 일어났다는 사실, 자신의 인생 전반 등 대상은 무엇이든 좋다.

아침에 일어나 가장 먼저 내뱉는 "고맙습니다."라는 말 한마디는 부메랑처럼 다시 자신에게 새로운 감사로 돌아와 뇌와 마음에 행복을 안겨줄 것이다.

제 7 장

나를 바꾸는 행복의 열쇠,
긍정적 뇌

BRAIN & MORNING

인생은
뇌가 받아들이는 만큼 바뀐다

"지금 행복하십니까?"

괜스레 가슴 한쪽이 뜨끔해지는 질문이다. 만약 이런 질문을 받는다면 뭐라고 답하겠는가? 누구나 마음속으로는 행복해지기를 바란다. 하지만 행복은 매우 막연한 개념이라 자신이 행복한지 불행한지를 명확하게 답하지 못하는 사람도 많다. 상대적으로 다음과 같은 사실은 쉽게 파악할 수 있다.

- 금전적으로 풍족하다.

- 누구나 알 만한 좋은 학교를 졸업했다.
- 미래가 보장된 직장에서 일한다.
- 사회적으로 높은 지위와 명예를 얻었다.

이처럼 현재 '이룬 것'이나 '가진 것'을 바탕으로 행복을 가늠해보는 방법이 있다. 이러한 외적 요인도 행복을 좌우하는 하나의 요인이 될 수는 있겠다. 그런데 최근 연구 결과에 따르면, 자신을 둘러싼 외적 상황은 행복을 좌우하는 결정적 요인이 아니라고 한다. 그렇다면 무엇이 우리의 행복을 결정할까?

이에 대해서는 마시 시모프Marci Shimoff, 캐럴 클라인Carol Kline 이 함께 쓴 《이유 없이 행복하라》에서 자세히 이야기하고 있다. 지금 자신이 처한 상황이나 환경, 공적이나 사적으로 어울리는 사람, 미래의 인생을 좌우할지도 모를 선택 같은 것이 초래하는 행복의 크기는 뇌가 그것들을 얼마나 긍정적으로 받아들이느냐에 따라 크게 달라진다. 즉 뇌는 우리가 어떻게 생각하느냐에 따라 행복을 '만들어낸다'. 반대로 아무리 좋은 조건을 가졌어도 뇌가 그것을 좋게 받아들이지 않는다면 불행으로 빠질 수도 있다.

한번 떠올려보자. 주변에 객관적으로 보면 부족할 것이 없는 상황이건만 불행 그 자체인 얼굴을 하고 사는 사람이 있지 않은가? 이런 사람은 불평을 입에 달고 살거나 습관적으로 다른 사람에 대한 불만을 늘어놓거나 이미 지난 일을 두고 끊임없이 한탄한다. '마음에 안 들어', '왜 나한테만 그래?', '그때 왜 그랬을까'라는 식으로 말이다. 뇌가 현재를 다르게 받아들인다면 행복도가 치솟을 텐데 그런 사람을 볼 때마다 정말 안타깝다. 이렇게 부정적으로 평가하는 한, 평생 행복을 누릴 수 없을 것이다.

아침형 인간이 되고, 나만의 시간을 통해 성장의 발판을 마련하고, 나아가 '변화된 나'를 만들려는 궁극적인 이유는 바로 행복한 삶을 살기 위해서다. 그렇기에 당신의 머릿속에 부정적인 사고가 자리 잡고 있다면 변화의 시작부터 가로막힐 수 있다. 그래서 이 장에서는 부정적 사고에서 벗어나 인생의 행복도를 높이기 위한 긍정적 뇌를 만드는 아침 습관에 대해 이야기해보려 한다.

걱정 많은 뇌
안심시키기

우선 사람의 뇌가 부정적 방향으로 흐르기 쉽다는 사실을 기억해두자. 사람은 수없이 많은 생각을 하는데 그중 약 80퍼센트가 부정적 내용이라는 연구 결과가 있을 정도다.

뇌는 그만큼 걱정이 많다. 어째서 사람의 뇌는 쉽게 부정적 사고에 빠질까? 그 이유를 알아보려면 인간의 습성, 즉 뇌의 진화 과정을 더듬어 가다 보면 알 수 있다.

우리의 선조는 수렵과 채집을 하며 늘 위험 속에서 살았다. 야생 동물처럼 탄탄한 근육과 날카로운 송곳니를 갖추지 못한 인간은 긍정적인 정보보다 부정적인 정보를 선택하는 게 생존에 더 유리하다는 사실을 알게 됐다. 왜냐하면 10번 긍정적인 것보다 한 번 부정적인 상황에 놓이는 것이 생존 차원에서는 더 치명적이었기 때문이다. 예를 들어 어두워 앞이 보이지 않는 상황에서 정체를 알 수 없는 소리가 들렸을 때 긍정적으로 생각하고 그냥 잠을 자는 쪽과 포식자일지 모른다는 공포에 도망을 가거나 공격 태세를 갖추는 쪽 중 어느 쪽이 생존 확률이 높을지 생각해보자. 이처럼 공포와 의심은 우리의 생존을 위해 가장 필요한 감정이었다.

또한 인간은 진화를 거듭하면서 집단생활이 생존 확률을 높인다는 사실도 배웠다. 이런 상황에서는 어떤 집단에 속하느냐가 생존 여부를 크게 좌우한다. 고로 어떻게 하면 우수한 집단을 만들 수 있을지, 어떻게 하면 내가 그런 집단에 속할 수 있을지를 고민하며 살아왔다. 집단의 일원으로 인정받으려면 타인의 평가에 민감해지고 타인을 신경 쓰지 않을 수 없다. 나아가 자신이 하고 싶은 일보다는 주위의 모두가 하는 일을 우선하거나, 자신만의 독자적인 생각이 아닌 집단의 의견을 중시하게 되었다. 살아남기 위해서는 이러한 사고방식에 익숙해져야만 했다.

아주 오랜 세월 동안 이러한 과정을 거치며 진화한 탓에 인간의 뇌에는 부정적으로 사고하는 습관이 깊게 새겨졌다. 아마 다음과 같은 생각을 해본 적이 있을 것이다.

- 주변 사람들에게 미움받고 싶지 않다.
- 남들이 하라는 대로만 하면 된다.
- 나는 이 정도면 충분하다.

즉, 부정적 사고는 집단생활을 유지하고 생존율을 높이기 위해 자연스럽게 갖추게 된 '두뇌 경보 시스템'이라고 말할 수 있다. 더 이상 수렵과 채집을 하며 위험을 겪지 않게 됐지만 우리 뇌의 경보 시스템은 '본능'이라는 이름으로 우리를 지배하게 된 것이다. 그렇다면 이 본능을 거슬러 걱정 많고 부정적인 뇌를 기분 좋은 긍정적인 뇌로 바꾸려면 구체적으로 무엇을 어떻게 해야 할지 살펴보자.

자기 탐색으로 뇌가
기뻐하는 순간을 찾아내자

부정적 사고는 경보 시스템의 역할을 할 뿐 우리의 인생이 얼마나 행복해질 수 있는지에 대해서는 관여하지 않는다. 그저 어떤 상황에서든 살아남는 것이 목표다.

하지만 우리를 둘러싼 환경은 빠른 속도로 변하고 있다. 요즘 사회는 그리 단순하지 않다. 집단생활을 한다는 점은 과거와 다름없지만, 사람들은 자신의 삶을 알차게 꾸려서 정신적 풍요와 행복을 느끼며 살고 싶어 한다. 긍정적 사고의 진가는 이때 발휘된다.

사고방식을 완전히 바꿔보자. 바로 바뀌지 않을 수도 있다. 하지만 그래도 괜찮다. 앞서 뇌는 언제 어느 때든 변하고 싶어 한다는 말을 기억하는가? 뇌는 언제든 변화할 준비가 되어 있다. 요점은 뇌가 긍정적으로 사고하게 만드는 행동을 '반복'하는 것이다. 일단 뇌가 기뻐할 만한 일을 찾아보자. 그리고 그 행동을 반복하자. 그러면 행동이 변하고 그런 습관이 몸에 배면 뇌의 사고 회로도 변한다.

긍정적 뇌를 만드는 첫걸음은 바로 '자기 탐색'이다. 솔직하게 자신에게 질문해보자.

- 나는 무엇을 할 때 기쁘고 즐거운가?

아무리 작고 사소한 일이라도 절대 놓치지 말자. 누군가에게 칭찬을 받아 기뻤던 일, 그냥 하고만 있어도 즐거운 일 등을 하나씩 떠올리자. 여기까지 했다면 조금 더 탐색을 이어가자.

- 시행착오를 통해 무언가를 성취해낸 경험이 있는가?
- 내가 인생에서 중시하는 것은 무엇인가?
- 내 강점은 무엇인가?

이와 같은 자기 탐색을 한 번에 끝마치지 말고 여러 차례 반복하자. 자기 탐색을 하면 스스로에게 흥미와 관심이 생기는데 이 역시 뇌를 긍정적인 상태로 유지하는 데 도움이 된다. 과거의 긍정적 경험을 깊이 맛보는 과정도 긍정적 뇌를 만드는 데 매우 효과적이다. 아침마다 이러한 탐색을 반복하면 당신의 뇌에 더 커다란 긍정적 변화가 찾아올 것이다(우리가 무언가를 생각하게 되면 뇌에서는 그 생각에 따라 화학반응이 일어나고 그에 적합한 화학물질이 분비된다. 뇌의 상태를 투명한 물이라고 하면 화학물질인 호르몬은 물감에 해당된다. 투명한 물에 어떤 물감을 떨어뜨리냐에 따라 물의 색깔이 결정된다. 긍정적 사고를 하면 세로토닌이나 도파민, 엔도르핀이나 옥시토신과 같이 기분이 좋아지거나 신체 상태를 좋게 만들어주는 화학물질의 분비가 늘어난다. 그것이 뇌와 온몸에 퍼져 나가면 우리 몸의 상태를 바람직한 방향으로 바꿔 놓는다. 그러면 뇌는 다시 몸이 무엇을 느끼는지 주의 깊게 관찰하면서 다시 한 번 화학물질을 만들어낸다. 이번에는 몸이 느끼는 대로 생각하게 되는 것이다. 생각이 느낌을 만들고, 느낌이 생각을 만들어내는 긍정적인 순환 고리가 만들어지게 되는 구조다. 반면에 부정적인 생각을 하게 되면 코티솔이나 에피네프린, 노르에프네프린 같은 스트레스 호르몬을 만들어내고 신체 상태를 저하시키며 다시 부정적인 생각을 이끌어내는 부정적 순환 고리가 만들어진다―감수자 주).

　자기 탐색을 통해 자신이 인생에서 중시하는 가치관이 무엇인지도 알 수 있다. 진심으로 이루고 싶은 일, 주변에 기여하고 싶은 일 등 자신의 가치관을 구체화하다 보면 도전하고 싶은 인생의 목표도 명확해질 것이다.

누구도 흔들 수 없는
나만의 안전기지를 만들어라

자신과 진지하게 대화하고 자기 탐색하는 중요성에 대해 조금 더 이야기해보자. 긍정적으로 생각하고 적극적으로 도전하려면 '안전기지'가 필요하다. 뇌과학적으로 설명하자면, 안전기지라는 존재가 있어야 새로운 일에 도전할 수 있다. 다시 말하자면, 안전기지란 '안심하고 돌아갈 수 있는 장소'를 뜻한다.

어린 시절 우리의 안전기지는 부모님과 집이었다. 성공과 실패에 관계없이 우리를 따뜻하게 지켜봐주시는 부모님. 그리고 무슨 일이 생길 때면 부모님이 다정하게 맞아주는 공간인 집.

이러한 안전기지가 존재했기에 새로운 일에 도전하거나 호기심이 이끄는 대로 행동할 수 있었다.

하지만 언제까지나 부모님에게 의지할 수는 없는 법. 몸과 마음이 자라면 안전기지도 달라지게 된다. 10~20대 무렵에는 자신을 이해해주는 친구나 연인 혹은 자신을 이끌어주는 스승이 있었다. 그리고 더 자라 사회로 나가면 우리는 안전기지를 외부에서 찾지 않고 자신의 내부에 만든다. 그중 하나가 자기 자신과 정면으로 마주하고 진지하게 대화해서 도출해낸 '가치관'이다. 이는 사회에 있는 힘껏 맞서기 위해 이제껏 살면서 얻은 지식과 재능을 바탕으로 만든 나만의 무기다. 그리고 그것은 곧 자신만의 안전기지이기도 하다.

안타깝게도 안전기지는 돈, 명예, 지위, 직함 같은 것으로는 만들 수 없다. 그러니 자신의 내면 깊은 곳을 들여다보고 끊임없는 자기 탐색을 통해 자신만의 강점, 흔들리지 않는 삶의 기둥을 찾아야 한다.

내부에 굳건한 나만의 기둥이 있어야 외부의 공격에도 유연하고 탄력 넘치게 대응할 수 있다. 부디 그러한 자신만의 독자적인 안전기지를 쌓아 올리기 바란다.

긍정의 말버릇으로
불행의 사슬을 끊어라

부정적 사고에 빠지기 쉬운 뇌를 긍정적으로 바꾸기 위한 가장 쉬운 방법은 말버릇을 바꾸는 것이다. 당신의 말버릇은 어떤가? 평소 습관적으로 하는 말이 긍정적인 뇌를 만드는 데 큰 영향을 미친다. 내가 평소에 무슨 말을 내뱉고 있는지 객관적으로 점검해보자.

- "이딴 일, 더는 못 해먹겠어."
- "어차피 해봤자 재미도 없을 텐데."

• "이제 더는 못하겠다."

평소에 이런 식으로 말한다면 주의하자. 현실을 비난하고 처지를 비관하는 말을 할 때마다 우리의 뇌는 부정의 늪으로 빠져든다. 이러한 악순환을 멈추려면 평소 자주 사용하는 말을 긍정적인 말로 바꿔야 한다.

현재 자신이 놓인 처지를 부정하는 표현이 아니라 긍정하는 표현을 쓰자. 자신을 부정하지 말고 긍정하자. 거절이 아닌 수용의 말, 고정관념이 아니라 자유의지를 따르는 말, 무관심이 아니라 호기심으로 가득 찬 말을 하자.

뇌는 내버려두면 부정적인 방향으로 사고하려 든다. 해내고 싶은 일보다 안 하는 편이 낫다고 생각하는 일에 집중하려 든다. 그러니 아침에 일어나자마자 '할 수 있다', '조금만 더 힘내자'와 같은 적극적인 말을 스스로에게 들려줄 필요가 있다.

처음에는 신경을 써도 무심코 평소처럼 부정적인 말이 튀어나올 수도 있다. 하지만 이럴 때 스스로를 책망하기 시작하면 뇌는 점점 부정적 악순환에 빠진다. 자신이 부정적인 표현을 쓴다는 사실을 깨달았다면 그때마다 긍정적인 표현으로 바꿔 말하는 습관을 들이자.

기분 좋은 하루는
나의 말 한마디로 시작된다

아침마다 주변의 소중한 사람이나 직장 동료와 긍정적인 대화를 나눠보자. 일하기 전에 긍정적인 말을 주고받으면 뇌도 자극을 받아 업무 의욕이 상승할 뿐 아니라 기운 넘치게 하루를 시작할 수 있다.

사람의 뇌는 거절이나 부정의 말을 들으면 그것을 받아들이지 못해 거부하고 반발한다. 반대로 수용하는 말이나 감사의 말은 순순히 받아들인다. 이처럼 의욕은 타인에게 칭찬이나 인정과 같은 긍정적 에너지를 받을 때 생겨난다.

긍정적인 말로 뇌를 흠뻑 적시자

- "늘 고마워요! 당신 덕분입니다."
- "정말 수고 많았어요."
- "결과는 신경 쓰지 말고 앞으로도 지금처럼만 해줘."

서로에게 기대하는 말, 서로의 장점을 칭찬하는 말, 격려의 말 등을 쑥스러워하지 말고 자주 건네 보자. 긍정적인 대화를 자주 주고받으면 서로 신뢰가 쌓이고 적극적으로 행동할 용기가 솟아나며 기분도 밝아진다.

적극적인 행동의 결과로 커다란 성과와 보상이 주어진다면 더없이 좋다. 뇌는 한층 긍정적이 되어 새로운 도전을 꿈꿀 것이다. 자신이 계획하는 일이나 하고 싶은 일을 회의하는 자리에서 공언하는 것도 좋다. 긍정적인 대화를 나눠 기분이 좋아진 상대는 적극적인 조언을 아끼지 않기 때문이다. 이는 원활한 의사소통과 정보 공유에 도움이 되며, 그 조언은 앞으로 자신에게 도움이 될 번뜩이는 아이디어의 원천이 되어줄 것이다.

꿈의 시각화와 청각화로
'의욕 스위치'를 켜자

'긍정하는 뇌'를 만들기 위해 말버릇 바꾸기 외에 또 무엇을 할 수 있을까? 갑자기 크게 부담되는 힘든 일을 할 필요는 없다. 오히려 사소한 행동의 반복을 통해 습관을 들이는 것이 중요하다.

그러려면 매일 아침 일어나 목표나 꿈을 구체적으로 표현하자. 종이에 적어도 좋고 소리 내어 읽으며 되새기는 것도 좋다. 인간의 뇌는 새로운 것을 좋아하면서도 생각보다 훨씬 게으르다. 애초에 인간은 편하게 쉬려 드는 생물이다. 매일 아무런 자극도 없이 느긋하게 생활하면 의욕을 잃고 도전을 꺼리고 남에게 떠넘기면서 한층 더 편하게 살려고 한다.

뇌가 게으름뱅이가 된 이유는 우리의 뇌와 몸 그리고 마음이 서로 영향을 주고받기 때문이다. 뇌는 쉬지 않고 계속해서 활동한다. 잘 때도 모든 기능이 완전히 멈추지는 않는다. 만약 뇌가 계속 흥분 상태를 유지한다면 끊임없이 활성화되므로 마음 역시 충분히 쉬지 못해 결국 망가지고 말 것이다. 몸에도 당연히 문제가 생긴다. 즉 뇌가 적당히 긴장을 늦추는 덕분에 우리는 몸과 마음의 균형을 유지하면서 편안함을 느낄 수 있는 것이다. 따라서 게을러질 수밖에 없는 뇌에 매일 아침 자극을 주고 의욕을 불어넣어서 긍정적인 방향으로 나아가게 할 필요가 있다.

그런 자극을 주려면 우선 자신의 바람을 '시각화'하고 '청각화' 해야 한다. 시각화와 청각화란 무슨 의미일까? 성공한 사람들의 이야기를 담은 책을 비롯해 수많은 자기계발서들을 보면 자신의 목표를 종이에 적어놓고 가장 잘 보이는 곳에 붙여두라는 조언이 항상 등장한다. 원하는 바를 수첩에 쓰고 하루에 100번씩 외치라고 권하는 책도 있다. 매일 아침 거울을 보며 '넌 할 수 있어!', '넌 최고의 세일즈맨이 될 거야'라고 외친다는 보험왕의 이야기도 유명하다. 골프 역사상 가장 뛰어난 선수로 평가받는 타이거 우즈도 매 홀마다 머릿속으로 완벽한 스윙을 그려본 후에 샷을 날린다고 한다.

이처럼 목표하는 바를 글로 쓰거나 이미지화시키는 것을 시각화라고 하며 스스로 암시를 걸 듯 입으로 소리내어 말하는 것을 청각화라고 한다. 시각화와 청각화가 중요한 이유는 단순히 목표를 상기시키는 것을 넘어 시청각을 통해 목표를 이룬 자신의 모습을 구체적으로 상상을 하게 만들고, 그러한 상상이 구체적인 행동을 이끌어내기 때문이다.

오늘부터 바로 행동에 돌입해보자. 목표를 종이에 적어 눈에 띄도록 집안 곳곳에 붙여보는 것이다. '세계를 무대로 활약하는 일을 하면서 세계 곳곳을 돌아다니고 싶다'라든가, '책임과 권한을 가진 인물이 되어 어떠한 사업에 도전하고 싶다'와 같이 개인적인 행복에 관한 것이나 당장 실현하기 어려운 꿈이라도 상관없다. 자신의 목표나 꿈을 겉으로 드러내 직접 대면하는 것이 중요하다.

지금 '미래에 되고 싶은 자신의 모습'을 머릿속으로 상상해보자. 몇 번이고 반복해서 목표나 꿈을 표현하면 막연하던 앞날이 구체적인 형태를 띠기 시작한다. 구체적인 이미지가 떠오를수록 그를 실현해내기 위한 행동도 구체화된다. 매일 꾸준히 계획을 실천하면서 목표나 꿈에 다가간다면 뇌의 신경 회로도 점점 강화될 것이다.

이처럼 머릿속에 든 것을 끄집어내어 겉으로 표현하는 방법은 뇌의 '의욕 스위치'를 켜는 데도 매우 효과적이다.

뇌가 좋아하는 성취감을
계속해서 쌓아 올리자

뇌가 부정적인 상태에 있으면 아무래도 '해낸 일'보다는 '해내지 못한 일'에 사로잡히게 마련이다. 하지만 뇌는 성취감에 쾌감을 느낀다.

그러니 사소한 일이라도 괜찮다. 자신이 해낸 일에 초점을 맞춰서 뇌에 기쁨을 주자. 목표를 지나치게 높게 설정하면 이상과 현실의 괴리 때문에 의욕이 사그라들어 포기하고 싶어진다. 아무리 해도 끝이 보이지 않으니 의지를 다잡기도 무척 힘들다.

그럴 때는 목표를 세분화할 필요가 있다. 지속할 수 있는 범위로 목표를 구체화하면 된다. 예를 들어 '영업 분야에서 최고가 되자'라는 커다란 목표를 세웠다고 해보자. 목표 달성이 말도 안 되게 큰일처럼 느껴질 수도 있다. 하지만 1년에 수백 건에 달하는 계약도 일주일 단위, 하루 단위로 나눠서 생각하면 평소에 달성해내던 계약 건수와 그렇게까지 큰 차이가 나지는 않는다. 불가능해 보이던 높은 목표도 세분화하면 충분히 해낼 수 있는 목표로 바뀐다. 하루에 몇 명의 고객과 만날 약속을 잡을지를 정하고 그중에서 계약을 몇 건 정도 성사시키겠다는 목표를 설정하면 해야 할 일이 명확해진다.

이처럼 목표를 작게 나누어 실천하고 매일 그날의 '달성치'를 확인하자. '해낸 일'에 초점을 맞추면 뇌는 또 쾌감을 맛보고 싶어 하므로 이것이 새로운 의욕을 불러일으킨다.

결과만이 아니라 행동으로 옮겼다는 사실도 적극적으로 평가해주자. 결과보다 중요한 것이 계획을 실천에 옮겼다는 사실이다. 실천 그 자체를 긍정적으로 평가하면 도전 의욕을 지속할 수 있다(이를 행동심리학에서 말하는 '강화'로 설명할 수 있다. 무언가를 성취하면 뇌에서는 쾌감 중추가 활성화되고 도파민이 분비되어 기분이 좋아진다. 기분 좋은 감정을 느끼기 위해 뇌는 다시 같은 행동을 반복하게 되는데 이것이 강화의 뇌과학적 메커니즘이라고 할 수 있다—감수자 주).

해내지 못한 일에만 초점을 맞추면 사람은 점점 자신감을 잃어버린다. '어차피 해봤자 소용없어'라거나 '그럴 바에는 처음부터 하지 말자'와 같은 악순환의 소용돌이에 휩싸이기 쉽다.

그러니 '하면 된다'고 굳게 믿자. 자신감을 조금씩 쌓아 올려 긍정적인 사고에 익숙해지면 실패를 두려워하지 않고 끊임없이 도전할 줄 아는 믿음직한 사람으로 거듭날 수 있다.

작은 성취감을 맛볼 수 있는
시차 출퇴근

아침이라는 귀중한 시간을 더 잘 활용하기 위해서는 직접 자동차를 운전하기보다는 대중교통을 이용하는 것이 좋다. 하지만 문제는 출근길 대중교통이 워낙 좁고 혼잡해서 신문을 보고 책을 읽고 업무 이메일을 보내는 등 무언가를 하기가 쉽지 않다는 점이다. 심지어 몸을 돌리기조차 힘들 정도로 사람이 많아 타인과 얼굴을 마주대고 있을 때면 여간 불쾌한 것이 아니다. 이런 이유로 아침 두뇌가 활성화되기는커녕 아침마다 정신적·육체적인 스트레스에 시달리는 사람도 많다.

나는 이런 사람들에게 '시차 출퇴근'을 꼭 한번 해보라고 권하고 싶다.

내가 시차 출퇴근, 아니 정확히 말해 '시차 등교'를 시작한 것은 고등학생 때부터다. 당시 나는 집에서 학교에 가기 위해 매일 아침 6시 30분에 출발하는 전철을 탔다. 이 시간대의 전철은 그리 혼잡하지 않아서 아주 여유롭게 책을 읽을 수 있었다. 매일 8시 전에는 교실에 도착했는데, 수업이 시작하는 8시 30분까지 30분 이상씩 매일 책을 읽었다.

깨닫고 보니 고등학교 3년 동안 영어 원서를 30권 이상 독파해낸 상태였다. 이때의 독서 습관이 지금 내 영어 실력의 기초를 이루었다고 단언할 수 있다. 편도 1시간 20분의 등교 시간이 내 인생에 풍성한 열매를 맺게 해준 셈이다. 지금 생각해보면 시차 등교를 한 덕분에 1교시 수업 때부터 빠르게 두뇌 회전을 할 수 있었던 것 같다. 영어 시간에는 수업을 들으면서 동시에 사전을 읽고 영어 단어를 외우는 학습 방식을 극히 자연스럽게 해냈다.

무엇보다도 중요한 것은 아침마다 알차게 성취감을 맛보았다는 사실이다. 물론 나 역시 처음 영어 책 읽기를 시작할 때는 한 권을 다 읽는다는 게 도저히 불가능해 보였다. 하지만 매일 조금씩 다 읽은 페이지가 차곡차곡 쌓이자 금세 마지막 페이지가 가까워졌다. 한 권을 다 읽었을 때의 기쁨과 성취감은 이루 말할 수 없을 정도여서 다시 한 번 새로운 원서에 도전하고 싶다는 의욕이 솟구쳤다. 매일 '이만큼이나 읽었다'는 성취감, '이렇게나 많은 책을 읽었다'는 만족감이 내 두뇌에 긍정적 스위치를 켜주었다.

뇌가 가장 활력을 띠는 아침 출퇴근, 아침 등교 시간을 불쾌한 감정으로 에너지를 소모하면서 보내고 있다면 내가 한 것과 같은 '시차 출퇴근', '시차 등교'를 시도해보자. 소중한 아침 시간을 효율적으로 보낼 수 있고 작지만 매일매일 쌓이는 성취감으로 조금씩 달라지는 자신을 발견할 수 있을 것이다.

호기심의 사이클을
멈추지 않는 법

상대성 이론을 비롯해 물리학 분야에 크나큰 공적을 남긴 아인슈타인은 '당신의 강점은 무엇인가?'라는 물음에 이렇게 답했다고 한다.

"내 강점은 호기심이다."

아인슈타인은 그야말로 호기심이 이끄는 대로 지知의 광대한 바다를 헤엄친 거인이었다. 그리고 내가 가장 존경하는 위인이기도 하다. 그는 하나의 문제를 다양한 각도에서 파악했고 답이 나와도 거기에 만족하지 않고 새로운 물음을 도출해내어 더 높은 차원의 세계를 탐구했다.

아인슈타인뿐 아니라 세계적인 성공을 거둔 사람의 대부분은 일상의 사소한 의문이나 신비한 면모를 잘 찾아낸다. 즉 호기심이 왕성하다.

어째서 그들은 나이와 관계없이 호기심을 잃지 않았을까? 보통 사람들은 자라는 과정에서 '일반적', '표준적'에 해당하는 상식, '이래야만 한다'와 같은 고정관념에 익숙해진다. 이것들이 전부 무의미하다는 뜻은 아니다. 일상에서 벌어지는 문제에 대처하고 그것을 해결하려면 과거의 경험에서 얻은 상식이나 고정관념이 필요한 경우도 많다. 다만 이것들에 지나치게 얽매이지는 말자. 뇌가 수많은 문제에 '표준화된 해답'을 마련하면서 새로운 도전을 피하기 때문이다. 이는 호기심을 유지하고 긍정적 뇌를 만드는 데 커다란 저해 요인으로 작용한다.

여기서 잠깐 호기심이 일어나는 과정을 살펴보자. 모든 호기심은 '흥미'와 '관심'에서 출발한다. '좋은 일이 있을 것 같다', '재미있을 것 같다'와 같은 마음이 들면 뇌의 신경전달물질인 도파민이 분비되어 새로운 신경 회로가 생겨난다. 계획을 행동으로 옮겨 기대 이상의 성과를 거두면 더 많은 도파민이 분비되어 의욕이 상승한다.

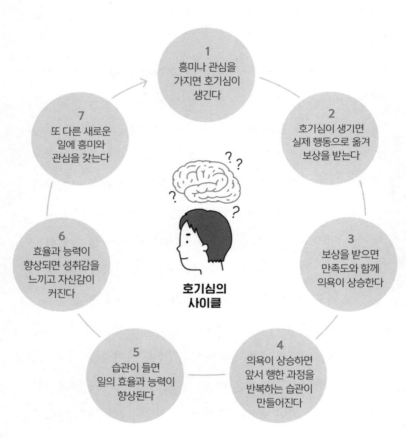

의욕이 상승하면 뇌는 더 나은 보상을 바라며 도전을 이어간다. 그러면 다시 도파민이 분비되어 신경 회로는 한층 견고해지고 일 처리 효율과 능력이 큰 폭으로 향상된다. 능력이 향상되면 성취감을 느끼고 자신감이 올라가 또다시 새로운 일에 흥미와 관심이 생긴다. 이와 같은 행동을 습관화하여 호기심의 사이클이 원활하게 돌아가면 뇌는 도전을 긍정적으로 받아들인다.

성공한 사람들이 호기심을 잃지 않는 이유도 여기에 있다. 과거의 성공 경험 덕분에 새로운 일에 도전할 때마다 도파민이 대량으로 분비되기 때문이다. 즉 호기심을 가지면 상식이나 고정관념에 얽매일 때보다 훨씬 큰 보상이 뇌에 주어진다.

근거 없는 자신감이
적극적인 삶을 만든다

사람은 나이를 먹고 수많은 경험을 통해 자립하는 힘을 기른다. 그와 동시에 자신감도 생겨난다. 하지만 이런 과정을 거치지 않아도 우리는 자신감을 가질 수 있다. 바로 '근거 없는 자신감'이다. 나는 이것이 인생을 살아가는 데 있어 꼭 필요한 요소라고 확신한다.

만약 근거 없는 자신감이 없다면 어떻게 될까? 열심히 해야겠다는 적극적인 기분도 생기지 않고 어려운 일에 도전하려는 의욕도 애초에 솟아나지 않을 것이다. 과거의 성공 체험에만 얽매여 그저 같은 행동만을 반복할 뿐이다. 이래서는 아무런 의미 없는 지루한 인생을 살게 된다.

사람은 원래 누구나 근거 없는 자신감을 갖고 있다. 어린 시절을 떠올려보자. 처음 해보는 경험이어도 무작정 뛰어들고 봤을 것이다. 모르거나 무서워 보이는 일도 '역시 안 하는 편이 좋겠어'라고 생각하기보다 과감하게 도전하지 않았는가? 그런데 우리는 어른이 되는 과정에서 이런 근거 없는 자신감을 잃어버리는 수많은 상황을 마주한다.

점수 위주의 과도한 학벌주의가 대표적이다. 재능과 학력은 별개인데 점수만으로 판가름 나는 우열에 얽매여 많은 사람이 근거 없는 자신감을 잃고 '나는 이 정도밖에 안 된다'고 자책한다. 이는 사회적으로도 커다란 손실이 아닐 수 없다. 실제로 우리는 누구나 도전을 좋아하는 유전자를 타고났다. 그러니 불확실한 불안 요소를 마주하더라도 '근거 없는 자신감을 가져도 괜찮다'라고 자신을 격려하는 일이 중요하다. 가능하면 날마다 '오늘은 좋은 일이 있을 거야', '하면 될 거야'와 같은 근거 없는 자신감을 갖고 하루를 시작해보자.

아무리 해도 잘 안 되고, 자신감을 잃어 자신의 재능을 의심하고, 목표를 잘못 설정하는 경험은 누구나 겪는다. 그럴 때일

수록 근거 없는 자신감을 갖고 현재를 긍정적으로 재평가하면
길은 반드시 열릴 것이다.

뇌의 무한 성장
가능성을 믿어라

'플라세보효과'placebo effect는 이젠 너무 유명해진 말이지만 원래는 의료 현장에서 쓰던 말이었다. 환자의 질병과 관련 없는 당분으로 만든 가짜 약을 특정한 성분이 있는 것처럼 위장해 투여해도 환자가 약의 효과를 믿고 복용함으로써 실제로 병세가 호전되는 현상을 일컫는 말이다. 예로부터 '병은 마음에서 비롯된다'고 하는데 그것을 여실히 보여주는 사례가 아닌가 싶다.

'약을 먹으면 병이 낫는다'라고 믿으면 눈에 띄게 효과가 나타난다. 반대로 '먹어봤자 소용없다'고 믿으면 치료 효과가 있는 약이라도 잘 듣지 않는다. 이처럼 설령 잘못된 정보라 해도 뇌가 그것이 '옳다'고 믿으면 몸과 마음에도 변화가 일어난다.

나는 학창시절에 즐겨 읽던 잡지에서 내 별자리 운세를 볼 때마다 '와, 딱 맞네'라며 감탄하곤 했다. 그런데 어느 날 다른 별자리에 적힌 운세를 봤는데 그것도 나와 잘 맞는 게 아닌가? 얼핏 보면 특정한 사람들에게만 해당하는 내용처럼 보이지만 사실은 누구에게나 들어맞도록 절묘하게 적어 놓은 것이었다. 어찌 보면 그것이 점성술의 특성이라고도 할 수 있겠다.

이러한 플라세보효과에 관한 사례는 일상의 곳곳에서 찾아볼 수 있다. 우리는 의식하지 못하는 사이에 수많은 플라세보효과를 경험한다. '희귀한 고급 스테이크'라는 말을 들으면 더 맛있다고 느끼고 '한정판'이라는 광고 문구가 붙어 있으면 딱히 필요하지 않은 물건임에도 구매욕이 들끓는다. 이처럼 주어진 정보를 뇌가 믿게 만들면 자신의 마음을 조종할 수 있다. 플라세보효과가 우리에게 시사하는 바가 이것이다.

따라서 '나는 어차피 재능이 없다'거나 '이제 적은 나이도 아니라서……'라는 식으로 체념하는 듯한 발언은 삼가자. 뇌에 부정적인 플라세보효과를 주는 것이나 마찬가지이기 때문이다. 뇌가 긍정적 정보를 믿게 만들면 우리는 계속해서 성장할 수 있다. 자신을 향한 부정적 세뇌로 나의 성장 가능성을 스스로 제한해버려서는 안 될 것이다. 뇌과학자들도 뇌의 한계 그리고 인간의 한계를 알지 못한다. 뇌의 성장 가능성은 무한하다. 바로 이 무한한 가능성이 뇌과학 분야의 가장 큰 매력이며 뇌과학자들이 연구를 멈추지 못하는 이유이기도 하다. 그러니 나의 성장 가능성을 스스로 믿고 더 도전해 나가자.

○ 나오며

아침 습관을 바꾸면
'최고의 나'를 만날 수 있다!

'질리다'와 '습관이 들다'는 언뜻 정반대에 위치한 듯 보이지만, 뇌의 관점에서 보면 두 가지는 지극히 닮았다. 하나의 행동이 몸에 배는 과정에서 뇌에 반드시 질리는 순간이 찾아온다. 이 상황을 극복하려면 변화를 주거나 성공을 경험하게 하는 등 뇌에 끊임없이 새로운 자극을 줘야 한다.

뇌에 효과적으로 자극을 주기에 좋은 것이 바로 '첫 체험'이다. 처음 하는 경험은 인생에 있어서도 매우 가치 있는 일이다. 무언가 새로운 일을 할 때는 첫 번째 순간이 가장 어렵고 자극이 강하다. 그리고 그만큼 기쁨도 크다. 자전거 타기에 비유하면 이해하기 쉬울 것 같다. 자전거에 올라 처음 페달을 밟을 때는 강한 힘이 필요하지만 바퀴가 구르기 시작하면 페달을 세게 밟지 않아도 저절로 나아간다. 습관이 만들어지는 기본적인 원리도 이와 같다.

어떠한 습관을 들이고 싶다면 중간중간 새로운 일들을 시도하자. 같은 것만 계속하지 말고 가끔은 일부러라도 큰 변화를 줘서 즐겨보자. 이것이 바로 행동을 습관화하는 비결이다(뇌는 에너지 소모를 최소화하려는 습성이 있다. 뇌의 무게는 1.4킬로그램 정도로 신체에서 차지하는 비중이 약 2퍼센트 정도에 불과하지만 신체에서 필요로 하는 에너지의 20퍼센트 정도를 소모하기 때문이다. 지나치게 에너지를 많이 쓰다 보니 늘 에너지를 절약하려는 습관이 나타나는데 무언가에 익숙해지면 힘들이지 않고 그것을 자동적으로 수행하려고 한다. 그것이 자동조정방식이다. 이때의 뇌를 기능성 자기공명장치로 촬영해보면 그리 활발하게 움직이지 않는 모습을 볼 수 있다. 하나의 행동이 습관으로 자리 잡으면 큰 노력을 들이지 않고도 그 일을 수월하게 해낼 수 있는데 이것이 바로 자동조정방식 때문이다. 그러므로 좋은 습관을 들이게 되면 힘들이지 않고도 긍정적인 결과를 얻을 수 있다―감수자 주).

그리고 또 하나 명심할 사항이 있다. 우리의 뇌는 남이 시켜서 하는 일에는 기쁨을 느끼지 못하므로 적극적으로 하고 싶다는 마음이 들도록 방법을 모색해야 한다. 그러면 설령 같은 일을 한다고 해도 재미를 느낄 수 있다.

'게임화'gamification라는 말을 아는가? 게임에 내재된 재미 요소나 사람을 열광하게 만드는 장치를 일이나 공부와 같은 다른 분야에 적용하는 기법을 말한다. 이는 마케팅에도 폭넓게 쓰이는데, 기업이 고객을 모으기 위해 홈페이지에 게임적 요소가 들어간 장치를 마련하는 것도 그중 하나다. 나의 어린 시절을 되돌아보면, 공부할 때든 놀 때든 게임화해서 즐기는 지혜를 발휘했던 것 같다. 스스로 규칙을 만들고 목표를 공략하는 게임 유사 체험을 수없이 반복해 뇌가 '기쁨'이라는 보상을 얻도록 했다. 이러한 경험의 누적이 집중력을 높여주고 학습 능력을 강화하고 몰입 체험을 가능하게 했다.

게임화는 일상의 여러 분야에 적용 가능하다. 예를 들어, 단순한 사무 처리 작업을 맡았다면 '오전 11시까지 끝낸다면 나의 승리'와 같은 제한 시간을 설정하자. 공부할 때도 '1시간 안에 영어 단어 10개를 외우지 못하면 패배'와 같은 규칙을 만들면 승부욕이 불타올라 재미있게 할 수 있다.

안타깝게도 뇌는 미래를 진지하게 생각하는 일에 서투르다. 그래서 아무것도 하지 않고 내버려두면 눈앞에 있는 현실만을 좇으려 든다. 그러니 반드시 스스로 게임을 만들고 목표 지점에 도달해 기쁨을 느끼는 훈련을 통해 두뇌를 단련하자. 물론 이 훈련을 두뇌 활동의 골든타임인 아침에 하면 한층 더 높은 성취를 이루어낼 수 있을 것이다.

이 책을 마무리하기까지 여러 사람에게 많은 신세를 졌다. 이 자리를 빌려서 진심으로 감사의 인사를 전한다.

- 모기 겐이치로, 《뇌가 기뻐하는 공부법: 나를 바꾸는 기적의 강화학습》, 이근아 옮김, 이아소, 2009.
- 모기 겐이치로, 《업무 뇌: 죽어라 일해도 성과를 못 내는 직장인들을 위한 두뇌사용설명서》, 박재현 옮김, 브레인월드, 2010.
- 모기 겐이치로, 《뇌를 살리는 습관》脳を活かす生活術, PHP연구소 PHP 研究所, 2009.
- 모기 겐이치로, 《뇌는 0.1초 만에 사랑에 빠진다: 세계적인 뇌과학자가 밝히는 달콤 쌉싸름한 연애의 심리》, 박재현 옮김, 브레인월드, 2010.
- 모기 겐이치로, 《행복해지는 두뇌 사용법》幸福になる「脳の使い方」, PHP신서 PHP新書, 2013.
- 모기 겐이치로, 《두뇌를 낯설게 하자》アウェー脳を磨け, 고사이도출

판廣済堂出版, 2010.

- 모기 겐이치로, 《도전하는 뇌》挑戦する脳, 슈에이샤신서 集英社新書, 2012.
- 《프레지던트》プレジデント 2012년 1월 호, 프레지던트사 プレジデント社
- 마시 시모프·캐럴 클라인, 《이유 없이 행복하라: 지구상에서 가장 행복한 사람들이 들려주는 21가지 행복 습관》, 안진환 옮김, 황금가지, 2009.
- 마시 시모프·캐럴 클라인, 《이유 없이 사랑하라: 몸과 마음을 변화시키는 14가지 사랑 습관》, 안진환·박슬라 옮김, 민음인, 2012.
- 토드 카시단, 《행복은 호기심을 타고 온다: 지금 일상의 작고 사소한 것에 관심을 기울여라!》, 방영호 옮김, 2011.
- 가지무라 나오후미, 《나도 아침에 일찍 일어나고 싶다: 아침에 죽어도 못 일어나는 사람들을 위한 비책을 알려드립니다!》, 조은아 옮김, 북아지트, 2018.
- 쓰키야마 다카시, 《두뇌의 힘 100퍼센트 끌어올리기: 일도, 공부도, 머리가 한다》, 이민영 옮김, 케이펍, 2008.
- 구보타 기소, 《굿모닝 시크릿: 성공한 1퍼센트가 실천한 아침 활용의 비법》, 김정환 옮김, 한스미디어, 2011.

morning
routine
project